用文字照亮每个人的精神夜空

微信 | 微博 | 豆瓣　领读文化

娄子匡 著

新年风俗志

台海出版社

北京市版权局著作合同登记号：图字 01-2023-4696

本书中文简体版权由台湾商务印书馆股份有限公司独家授权，仅限中国大陆地区发行，非经书面同意，不得以任何形式，任意复制转载。

图书在版编目（CIP）数据

新年风俗志 / 娄子匡著 . —北京：台海出版社，2023.11

ISBN 978-7-5168-3679-8

Ⅰ.①新… Ⅱ.①娄… Ⅲ.①春节-风俗习惯史-中国 Ⅳ.①K892.1

中国国家版本馆CIP数据核字（2023）第195412号

新年风俗志

著　　　者：娄子匡	
出 版 人：蔡　旭	封面设计：今亮後聲 HOPESOUND 2580590616@qq.com
责任编辑：王　萍	

出版发行：台海出版社
地　　址：北京市东城区景山东街20号　　邮政编码：100009
电　　话：010-64041652（发行、邮购）
传　　真：010-84045799（总编室）
网　　址：www.taimeng.org.cn/thcbs/default.htm
E - mail：thcbs@126.com

经　　销：全国各地新华书店
印　　刷：北京金特印刷有限责任公司
本书如有破损、缺页、装订错误，请与本社联系调换

开　　本：889毫米×1194毫米　　1/32
字　　数：156千字　　　　　　　　印　　张：8
版　　次：2023年11月第1版　　　　印　　次：2023年11月第1次印刷
书　　号：ISBN 978-7-5168-3679-8
定　　价：59.80元

版权所有　　翻印必究

刘海戏金蟾

武财神

门神

福禄寿三星

魁星	寿星
灶君	关公

纸牌和骰子

松鹤

舞狮（广东）

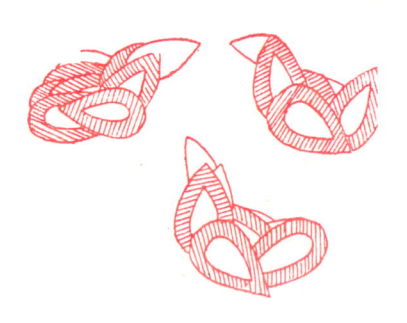

瓜子做鸡（浙江绍兴）

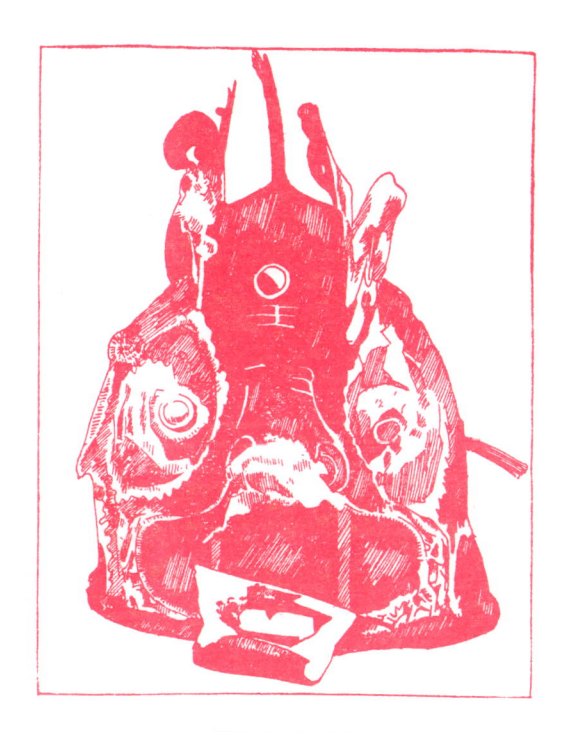

麒麟头（广东）

荡秋千（云南车里）

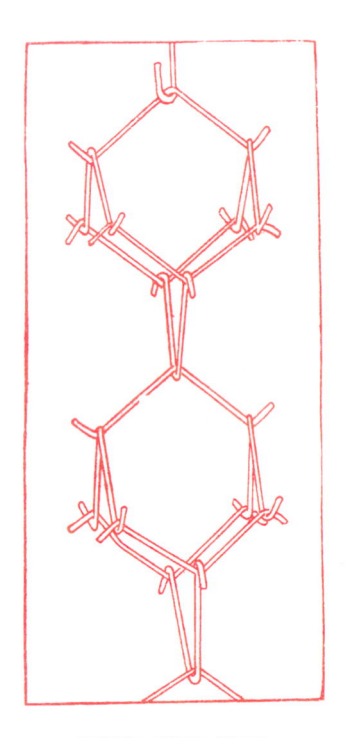

九联灯（浙江绍兴）　　　花炮头（广东东莞）

纸糊假面具

纸糊假面具

钟离权

张果老

吕洞宾

曹国舅

铁拐李

韩湘子

蓝采和

何仙姑

增订版序[1]

中华民国二十四年（1935），商务印书馆出版了《新年风俗志》，当时德国民俗学家艾伯华博士（Prof. Dr. Wr Eberhard）曾评为"最有价值的一本书，感到最高的兴趣。它所具的重要性，和《孟姜女故事研究》一样，已成为一种必不可少的帮助的资料"。因此德国的一家有悠久历史的奥托（Otto）书局写信到中国，替各大学、研究机构和私人买去了不在少数的书。二十五年以后，我到西德参加东方学会，会晤老友芬德生博士（Dr.Findeisen），在他的书室之中看到这本书，翻阅良久，觉得自己在过去的努力，还留鸿爪在异邦，心里特别欣快，但自己又感觉过去的工作，还是平凡，可是书里的两篇序文，却是可以玩味，不知不觉连读两遍，又把它抄下来，那是一位苏州籍的民俗学家[2]的序文说：

---

[1] 该序为作者娄子匡1967年于该书再版时所作，本次再版对该篇进行了保留。（编者注）

[2] 所指为顾颉刚。顾颉刚（1893—1980），江苏苏州人，中国现代著名历史学家、民俗学家。1920年北京大学哲学系毕业。曾任北京大学助教，中山大学、复旦大学等多校教授。新中国成立后任中国科学院、中国社会科学院历史研究所研究员和学术委员，中国史学会理事、全国文联委员，中国民间文艺研究会副主席等职位。他是我国"古史辨"学派的创始人，也是我国历史地理学和民俗学的开创者之一。主要著作有《古史辨》《汉代学术史略》等。（编者注）

我自己做小孩子的时候，每逢节令，吃到许多特别的食物，看到许多新奇的东西，尤其是大家穿了新衣裳，红红绿绿地走着玩着，满觉得自己是被一种神秘的快乐的空气包裹了，这种快乐，仿佛是天上的仙女散下来的，充满了高贵而又温和的意味；又仿佛这些花样是天上规定了的，有不能改变的意义。

后来长成了，知道这种快乐是人造的，便戳穿了神秘的幻想。加以近年来国家遭逢了极大的内忧外患，使得人民逃死无所，失掉了生命的乐趣，每逢节令，有的敷衍一下，有的竟毫无举动，差不多已把节令忘记了。又加以改用阳历之后，政府当然禁止阴历节令的娱乐，而阳历节令的娱乐还没有养成，又差不多不许有节令了。现在的小孩子感受到的节令的趣味哪里有我们幼时那么浓厚。如果我们民族永远受着时势的压迫，大家除了穿衣吃饭之外更没有美余的要求，又加意外的摧残，恐怕这种节令的快乐要在数十年内消灭了。

数年前，我略略做了些民俗学的研究，才领悟到这种类乎迷信的仪式实有存在的必要。因为一个人在生命的长途中，时时在求安慰，一定要有了安慰才能奋勉地从事工作，不灰心于一时的痛苦；而这种节令的意义是在把个人的安慰，扩充为群众的安慰，尤有重大的关系。节令是什么？节令不是迷信的祀神期，乃是工作的休假日。就说新年吧，已经很劳顿地做了一年的工作了，该得喘一口气，尽力快乐一下，然后再整顿精神做第二年的事。这快乐，应当是什么呢？是赌钱吗？是嫖院吗？不是，如果如此，又流入个人主义了，又流入消极的人生观了。我们要掉龙灯，跳狮子，放烟火，点花灯，让大家一齐快乐，使得大家好提起精神，增进这一年中的生产的效能。

若有人说，节令的迷信成分不是很重的吗？就说新年，祀神甚多，所谓"七人、八谷、九天、十地"，天天叫人到庙里烧香，不是应当废除吗？我将答说，这种话，若在将来国民智识提高了后说着是很对的，但在过去及现在，政府对于民众教育漠不关心，而空言破除迷信是谓舍本逐末，不但毫无效果，并且使得民众对于智识，更将发生一种恶感的成见，而不愿接受现时代人应有的智慧。何况从前的妇人女子是不许出门的，终年受着监禁的人们忽然可以借了烧香的名义，到庙里去松散松散，把呆板的生活调剂一下，这在精神和身体上都是极有益的事情，这个益处远超于迷信的害处以上，我们哪里忍得菲薄它呢？还有，从前是没有公园的，而庙宇正是公园的替代。一切游艺，都在庙宇的旷场上举行，所以逛庙的性质等于逛公园。试看北平新年中香火特别繁盛的处所，如东岳庙、白云观，请去统计一下，是烧香的人多呢，还是游玩的人多呢？若说，北平的公园很不少了，而新年中的人们还是到庙里去得多，可见迷信的量高出于游玩的量。这句话也不对，现在的公园要买票，要衣服整齐，不许卖艺负贩的人进去，根本上已与民众隔绝，我们真不需要这种只供中产以上的人们做优游之地的公园。

娄子匡先生是我们研究民俗学同志中最努力的一个人。我们许多人受了职业的限制，往往走到别条路上去，他还是不厌不倦地在他的业余的时间搜集了许多风俗材料，要编成一部《中国民俗志》。他搜集端午老虎画，去年寄给我看，种类在二百余，已在师范大学《礼俗杂志》上发表了一部分。今年又来函告我，民俗志中的一部分，关于"新年"的快出版了。其中所搜集的，有浙江、江苏、福建、广东、广西、河南、湖北、湖南、四川、安徽、甘肃、贵州、云南十三省。固然尚不完全，但有了这一部书之后，继续搜集就容易了。我佩服他的勇气，尊敬他的努力，所以写了这篇序，略抒我对于节令的见解。希望政府里的人，对于这种看似浅薄而实在与国民精神有大关系的节令娱乐不要摧残；一班民众呢，也应把富有团体性的娱乐在节令期间充分地表现，尽量地发展。

还有一位绍兴籍的民俗学者[①]也替我撰序说：

在小时候不知怎的对于时令的记载感到兴趣。最初

---

① 所指为周作人。周作人（1885—1967），浙江绍兴人，原名周櫆寿（后改为周奎绶），字星杓，又名启明、启孟、起孟，笔名遐寿、仲密、岂明，号知堂、独应等。是鲁迅（周树人）之弟，周建人之兄。中国现代著名散文家、文学理论家、诗人、翻译家、思想家，中国民俗学的开拓人。曾任国立北京大学教授、东方文学系主任，燕京大学新文学系主任、客座教授。是新文化运动的杰出代表，也是《新青年》的重要同人作者。（编者注）

见到一本不全的《岁时广记》，常常翻看，几乎有点不忍释手，后来得到日本翻刻本顾禄的《清嘉录》，这其间已有十多年之隔了，但是我的兴趣不但是依然如故，而且还可以说是有点儿增加。这是什么缘故呢？简单地说，大抵因为我是旧式的人罢。中国旧日是农业的社会，不，其实现在也是如此，不过因了各色人等的努力使得农村日就破坏罢了——中国旧日对于节气时令是很看重的，农家的耕作差不多以节气作标准，改用公历，加上许多政治意味的纪念日，使它国家化世界化了，这当然很好，但总之不是需要的农民历，这比头上挂不住箬帽还要不方便多了。田家耕作又是无间歇，或是不平匀的，他们不能按了房虚星昴来休息，忙时忙杀，却又说不定闲时闲杀。这样说似乎农夫也是三个有闲的朋友，未免冤枉了他们，然而的确是有农闲，也就只有这时间可以休息或娱乐。我们城里人闹什么中秋、端午，插菖蒲，看月亮，乡下人只是一样的要还账，实在没有多大味道，但是讲到新年以及各村不同的秋社，那真是万民同乐的一件大事情。予生也晚，已在马江战役之后，旧社会已开始动摇，然而在乡间过旧式的贫贱生活也总有十几年，受的许多影响未尽消灭，所以对于民间的时节风物至今还感到兴趣，这大抵由于个人的经历，因生爱好，其以学问为根柢的原因，可以说是微乎其微了。

若是从学问上说，这些岁时节气却也不是那么微末无价值的。大家知道，英国彭女士的《民俗学概论》中第二部风俗编有一章是讲历及斋日、祭日的，在问题格中也详细地指导学人去记录搜讨。年和节气是从太阳来的，月的变换则是根据月亮，所以历的安排实在是很困难，罗马凯撒大将的那样改历办法，确如彭女士所说，只是把这问题决定而不是能够解决。本来既有阴阳之分，后来又加上新旧之别，在习惯上便留下多少零乱的旧迹，据说英国也还有这种情形，如财政结算及十年一次的国势调查都以四月五日为期，即是古时的"老太太节"。聪明的人所想象的那样世界，日出而作，日入而息，凿井而饮，耕田而食，除夕照常关门，元旦相见睒睒眼的社会未曾出现之前，人总难免有执着烦恼，歆羡嫌忌，那么古旧的老太太节之流也就有她的势力在人心里了。季节有些像是一座浮桥，从这边走到彼岸去，冬尽春来，旧年死了，新年才生。在这时候有许多礼节仪式要举行，有的应该严肃地送走，或拿出去或简直丢掉，有的又同样严肃地迎进来。这些迎新送旧的玩意儿。聪明人说它是迷信固然也对，不过不能说它没有意思，特别是对于研究文化科学的人们。哈理孙女士在《希腊神话》的引言中说："宗教的冲动单只向着一个目的，即生命的保存与发展。宗教用两种方法去达到这个目的，一是消极的，除去一切于生命有害的东西；一是积极的，招进一切于生命有利的东西。全世界的宗教仪式不出这两种，一是驱除的，一是招纳的。"中国有句老话，叫作驱邪降福，虽然平常多是题在钟进士、张天师的上头，却包括了宗教仪式的内容，也就说明了岁时行事的意义了。

一年里最重要的季候是新年，那是无可疑的。换年很有点儿抽象，说换季则切实多了，因为冬和春的交代乃是死与生的转变，于生活有重大关系，是应该特别注意的，这是过年礼仪特别繁多的所以，值得学子调查研究者也就在这地方。可惜中国从前很少有人留意，偶然有《清嘉录》等书就一个区域作纵的研究，却缺少横的，即集录各地方的风俗以便比较的书物。这回娄子匡先生编述《新年风俗志》，可以说是空前的工作，这在荒地里下了一铲子了。娄先生编此书成后叫我作序，差不多有大半年工夫了，我对于此道虽有兴趣，但是老不用功，实在空虚得很，序文作不出，光阴却迅速地过去了，日前得来信知道即将出版，只得赶紧拉杂写成，真是塞责而已。松仁缠和桂圆嵌胡桃的攒盒已摆好了，却又把一包梅什儿放在上边，得弗为人客所笑乎。

两位先生都把岁时节令的俗信和俗行，估价估得相当高，三十年后，更可以看看中国的岁时节令的仪礼的自然和人为的升降实况是怎么样，这本初版旧书因此获得商务印书馆要它再版的机会，我不得不好好地来增订一番呢。

至于增订本书的原则，一是求全，二是聚精，要从初版本所需要而搜录的。所以：

第一，在量的方面说：初版本已经集录了江苏、浙江、安徽、福建、湖南、湖北、广东、广西、云南、贵州、四川、甘肃、河南十三省的多数是中国南方的新年风俗资料，再版本就在求全的原则下，增补中国北部的和南方尚付阙如的地区材料，因此增加了内蒙古，东北的辽宁、黑龙江，北京、山东、陕西、江西以及我们目前居留的台湾的新资料。

第二，在质的方面的增订，我先权衡初版本的资料的有待加些分量的，因此把四川、湖南、广西、河南的材料增加，似乎内容也就充实些。

总计篇目初版全部有二十五篇，再版本增加了一十六篇，就是内容增益了百分之六十弱，共含中国新年风俗记录四十一篇。

一九六七年三月二十日

娄子匡序于士林

爱序[①]

中国民俗学运动，在不多几年中，已集合一般研究者于一处，这些研究者，已远从中国境界以外，得到注意与承认。她（中国民俗学运动）已从良好的，而且现代的人种学、民族学的教养之基础上向着过去所忽略的工作上做了新颖的跃进。固然，在过去已经有过民俗的资料的汇集，但那些资料中大部分只是从文献上收集来的，与实际的田间工作"Feldarbeit"毫无关联。这真是我的可敬的远方同志娄子匡先生之一件很大的成就：他破天荒地在最广阔的意义上将全中国新年风俗与新年习惯采集了起来，从而树立了此后关于中国民俗学研究工作的一个榜样。因为正与他（娄君）的模样，具着相同的模范性的，就如一切神话史的作品一样的，有顾颉刚的《孟姜女故事研究》。

《新年风俗志》这部书，是一种拓荒的工作，虽然它（这部书）将来少不得还要有许多的增补和修改，但它的价值并不因此而减少。我们大家都希望着不久将再有许多此类的书写成。因为民俗学的收集工作是快速的，而且是比较树立假说与理论更为重要，这为的是她（收集的工作）具有一种持

[①] 本文署名作者爱堡哈特博士，即前序提及的德国民俗学家艾伯华博士。

久的价值的缘故。

还有一点：这就是在我们德国也是非常少有的事——一种民俗学的书，会达到刊印第二版的需要，纵然第一版的份数是很少的。民俗学的书，是很少有人来购买的。这不仅为的是我们的书价昂贵而在中国的书价便宜，而且很可能地为的是，在中国似乎是存在着更众多的兴趣，且已将此种兴趣普及到广大的读者之事实。在我的眼中，那是中国民俗学会的一种崇高的成就，而且也一定只是贵会诸同志的良好的工作的结果。

一九三三年七月七日

爱堡哈特博士序于柏林民族学博物院

自序

半是自己的爱好,半是朋友的鼓奖,我将开始从事于这规模也还不小的课题——计划在十个年头之中,编集一部异国学界认为是中国缺憾的,也是国内学界所需求的史料——《中国民俗志》。因为个己的希冀,确比人们的期望更热烈,明知这途径的是迢远的,我却愿像骆驼地行进,踏上了这濛弥的戈壁。但是这沙漠的广大的地上,并不少青青的草和涓涓的水,正期待着人们,俯身去掇拾和汲取。

我草草地拟定这书要分二十几个篇章,它(篇章)需要权量我们中国所宝藏的,它需要尽量包罗各家分类意见的每一门。目今暂且决定的《新年》《清明·端午·中秋》《七夕和重九》《婚俗》《丧仪》《生诞》《竞技和嬉戏》《集会》《仙·神·鬼》《预兆和占卜》《符咒和魔术》《病与土医方》《祭仪》《故事》《神话》《传说》《歌谣》《谜语》《谚语》《歇后语》《方言》《民舞和民戏》……这,需求着自己和朋友来删增。

这打开大门的一本小书的印行,不仅德国畏友爱堡哈特博士认为能有再版机会,是觉得稀小地诧奇(参阅爱氏序),就是我自己也以这书辑成是难使谁会顾及这文化之海的一滴呢。事实却不如意想,由自己的团体印了若干部样书,似乎已打动人同情,更由这同情的快意,刺动我从事这再次的改编,和再次的付梓了。

新年的风俗，委实是耐人兴趣去探采，更是我们伟大的国土中所流传的各地不同的多量的风情。从它（新年）的行事，提出某一个仪式和惯例，那就是一个巨大的丰富的值得探讨的课题。譬如新年——岁首决定的标准，古今东西各个民族、国家所采取的并不一致，有的是利用某种显明的天文现象，或是天文学上的时期的。如我们的中星、斗建，埃及的以"西留斯"晨现，从这天文现象而定新年。再像我们的冬至，印度犹太的春秋分，希腊的夏至，是从天文学上的时期定出了岁首。有的是用历史上的纪念日或其他类似日的，像以基督的诞辰为年首和俄国的新历就是。更有以气象事物的周期循环，如季候风、雨雪期以及鸟兽虫的隐现来去……判定一年的开始之日——新年。

　　中国的旧历新年，是最有情趣的一个季节，现在是快将似鸟兽虫鱼的隐去了，这更引起多少人的去思呢？我现在把它缩印记述起来，不敢说是复古恋旧，但却像嚼橄榄儿的尝它后味，这后味是引人探求的啊！

　　再待说明的，就是本书资料的来源。这，全是活生生的新从民间摘来的鲜花，并不是由地层古棺和旧书残册中得来的死奄奄的字文。也是我由衷地感荷我的同工们各以寓公或土著的利便，精明地记录给我的。无待说明的，该谨谢异国的友人爱博士和创导民俗运动的周、顾两教授给我浓烈的鼓励和光荣的赠序。

一九三三年冬
子匡序于中国民俗学会（杭州忠孝巷）

目录

· 引歌一首

　　川滇蛮子新年歌…………………〇〇一

· 福建

　　厦门………………………………〇〇四
　　漳州………………………………〇〇八
　　福建南部…………………………〇一一

· 广东

　　广州………………………………〇二〇
　　海丰………………………………〇二六
　　翁源………………………………〇三五
　　潮州………………………………〇四二
　　阳江………………………………〇四九
　　东莞………………………………〇五一

· 台湾

　　台北、台南………………………〇五八

· 江苏

苏州 ································· ○六六
淮安 ································· ○七一

· 浙江

宁波 ································· ○八八
湖州 ································· ○九二
绍兴 ································· ○九六

· 安徽

寿春 ································· 一一二
宿县 ································· 一一四

· 湖南

长沙 ································· 一一八
新化 ································· 一二○

· 湖北

武昌 ································· 一二四
黄陂 ································· 一二六

· 河南

开封 ································· 一三○
新乡 ································· 一三六
河南东部 ······················· 一三九

·江西

赣州 ················· 一四四

德安 ················· 一四八

·山东

烟台 ················· 一五四

·甘肃

兰州 ················· 一五八

·陕西

西安 ················· 一六二

凤翔 ················· 一六五

·广西

柳州 ················· 一六八

贵县 ················· 一六九

·四川

成都 ················· 一七二

江津 ················· 一七六

·云南

车里 ················· 一八四

- 贵州

　　赤水……………………………一八八

　　贵阳……………………………一九〇

- 辽宁

　　沈阳……………………………二〇〇

- 黑龙江

　　黑龙江…………………………二〇六

- 内蒙古

　　内蒙古…………………………二一二

- 北京

　　北京……………………………二一六

- 余音一曲

　　广州元旦盲妹叫化歌……………二二一

引歌一首

川滇蛮子①新年歌

唱首新年歌，当着新年到，大家赶唱罢！火节也一样②，节到唱节歌；新婚也一样③，喜到唱喜歌。兹值新年临，当唱新年歌；火节若来了，才唱火节歌；新婚若来了，才唱新婚歌；像彼战争时，战旗当揭起；像彼水涨时，湍激急滚去；像彼赶场时④，正值棉花翳。

新年唱歌便唱歌，继续赶着把猪喂，腊月赶着酿喜酒，日里赶着把柴破，宰得猪来献祖尝，酿得酒来供祖喝，灵牌⑤喜欢欢。子孙恭恭敬敬。拿柴祖前烧，祖父笑迷迷，儿子儿

---

① 蛮子，旧时北方人对口音与自己语音不同的南方人的称呼。（编者注）
② 蛮子以六月二十四前后两天，在夜里举行玩弄火把，甚为热闹。其歌词多系邀朋结友及时行乐之类。
③ 蛮子当迎娶之夕，男女老幼当酒酣兴畅之际，互相唱答，常以头帕或各种服装来作口战的赌具，胜者得物，负者献物，玩至达旦，方肯罢休。
④ 赶场，即"赴墟市"之义。
⑤ 蛮子尚崇拜祖先，其灵牌以长一尺宽径约三寸的两块木板夹一长约一寸五分的松枝［枝内又夹些少羊毛及红布碎（主女），或蓝布碎（主男），以为是亡灵的寄托］。两端束以竹圈而制成，悬挂于屋角，每逢年节必以牺牲祭奉之。

孙恭恭敬敬，老祖的长子，说出大人话：森林的老树，砍成大块板。老祖辟火地，儿孙把树烧；老祖被狗咬，儿孙叱一声；老祖斫猪肉，儿孙各分肥；老祖的签筒①，儿孙拿来藏；老祖的戴笠②和卜签③，儿孙拿来用。老人的说话是否真实么？

光阴如溪水，一年一去一回来，丰年去复转昼夜兮轮回。新来旧淘汰，歌唱亦新开。篾席新换旧④，野草前后代，木砧新换旧⑤，新来旧淘汰。新的来挂起，旧的任丢开。喜鹊儿，你也筑起巢儿来过新年呀！

（引杨成志君释歌）

---

① 蛮子有卜筮之术，以竹枝作签，以木作筒，以奇偶两数，测人的喜运和灾厄。
② 戴笠，只巫师有之，为他诵经念咒时的道具。
③ 卜签，长约六寸，大如火柴枝抽之以占吉凶。
④ 蛮子无床，只睡在铺地之竹篾席上，每年一张，过年时必换过。
⑤ 木砧，也是过年必换，以示"否去泰来"之意。

福建

- 厦门
- 漳州
- 福建南部

厦门

祭神 出游 禁忌 迎春 孩子们做初三 至上帝日 祀上帝女婿 游灯 祭娘娘

· 祭神

元旦的清早,男女老幼,都很早地起床,洗完了手面,穿上新衣,大家都到厅堂之上,当空拜寿玉帝,祭品是茶果一类的东西。

· 出游

祭了神以后,就吃早餐,吃好了,男女分道去游玩,或是看朋友。访问的人,很少在朋友家里吃饭的,因为这一天是一岁之首,假使在朋友的家里留餐,那似太不客气了。

· 禁忌

元旦是不能喝粥的,为的喝了粥,怕出门去天要下雨,那一年中的做客,就觉得许多的不便。妇女们在今天,也有几种禁忌的事情。第一件是不能做针线,否则他日做女红的时候,针要时常刺痛她的手的。第二件,不要叫鸡鸭,叫了,以后鸡鸭就会不听她的呼唤。第三件，不扫地，因为扫地的事情，今天也得休息一天。第四件，不要打孩子们，打了，那一年中便时时好打了。

· 迎春

中午祭神，晚上祭祖，这叫"迎春"。祭神的物品，定要有"春饭"一碗（春饭就是平常吃的饭上面插一朵用红纸做的、像玫瑰样的小花，叫春花）。多少听人们的便，可是不能缺少。这是"迎春纳福"的意思。

· 孩子们

元旦，孩子们都自由快乐，有的骑马，有的看戏，有的赌胜……家庭不去干涉他们，可是到初二，便不能这样了。初二是孩子们痛苦的日子，有了事情，都要他去做，这样是显示增加一岁的年纪，做事的能力也跟着增加了，并且新年做事，例该比去年勤俭，表示为家庭不断地努力。

· 做初三

初三是吊祭新魂的日子，不幸在去年死亡的人们，他的家庭，必须在这一天，特别为他设祭。俗称"做初三"。远近亲友们，例该去对他祭吊，所以这一天，不是游乐的日子，人们多不喜欢在这一天出外去玩游。

- **至神**

到了初四，天上去的神祇，就要回来了，人们要设祭欢迎，这叫"至神"。"至神"是应该迟一点行的，因为神祇回来迟是受了玉帝的青睐，那是很好的现象。送神的时候，最好刮着风；至神的时候，最好是下雨。

- **祀上帝**

从初六那一天起，各乡要雇道士设坛，再祀上帝。日期依各乡向来的习惯而定，祭祀是丰陈牛羊等的祭品，还有演戏三天，热闹得很。初六是好玩的日子，从此以后，天天游玩，到了元宵才停止。

- **女婿日**

初六又是岳家请女婿的日期，大家又叫"女婿日"。

- **游灯**

元宵的提灯夜游和各地的大同小异。

- **祭娘娘**

元宵的晚上，还有祭 Don Sweea（读音）娘娘[1]的习俗。

---

[1] 闽南各地有在元宵节祭祀娘娘的习俗，其名称各地叫法略有差别，有东施娘、冬生娘、东生娘、东司娘、东丝娘等，发音均接近 Don Sweea。

俗说这位娘娘是一个聪慧美丽的女子，出嫁以后，受尽丈夫种种的苦楚，又遭婆婆的毒打。有一天，竟被打出门外，追赶她而淹死在粪池里面的一段传说。从五岁起十六岁年纪的姑娘们，在这天晚上，拿花生、甘柑、菜饭、鸡头，对着那厕所致祭。姑娘们各人做好一双小小的鞋子，祭完以后，就拿来焚化，把余灰用菜叶包了，投到茅厕里，送给娘娘去应用。致祭的物品，有一样鸡头是不好少的，因为用它祭娘娘，能够使那个姑娘聪明伶俐的。这天晚上，各处都唱那"男女相欢""翁姑残虐"一类的歌曲。

漳州

休业 贺年 禁忌 嬉戏 公爷街 吃食 接匜 天公生 庆贺上元 闹元宵

- **休业**

新年，漳州是叫作"新正"。不消说人人要穿起新衣服来，家家店铺也都休业了。除了杂货店、照相馆、点心店和一般小贩等不在此列外，其他的大概都要到初四以后才开张营业的。

- **贺年**

在新年，人们初次见面的时候，必定互相要笑嘻嘻地说着"恭喜！""恭！恭！春春恭！""新正大家齐发财"等等的吉祥话，长辈和老年的大人，便要用红纸包着银钱给别人家的小孩子，这叫作"红包"，就是所谓"压岁钱"。普通的每个红包里，大都是包着一角一镭，二角二镭。

- **禁忌**

初一日，禁忌着说不吉利的话，也禁忌

向人家讨钱，说是一年三百六十日的头一日。所以一般的人家，都不大喜欢到别人的家里去玩耍。

- 嬉戏

初二初三两天，男女们上庙去烧香的很多。一般的妇女出门游玩，大概在初五日以后，因为在初五日以前，多有客来，而妇女们多任家中烹饪的事情，所以不能分身。初六日，妇女最喜欢出来逛逛，有一句俗语这样说："正月初六，行了无脚目。"

- 公爷街

新年热闹的地方，从前便是公爷街，所有的一切花灯、杂物，以及卖技艺的、变幻术的，都聚集在那边，足足闹了十五个白昼，成习已久了。听说是昔年黄公爷，因为新年要喜欢就近看闹热，并且可以要些摆摊的租钱，所以便就一年一年地积习成例了。到后来，已指定地点——公园，或较宽阔的马路上，叫作"娱春游艺场"，那就不再在那年例要闹热的公爷街了。

此外，南山寺、紫芝山、八卦楼、公园等处，也都是接踵寻春的优游地。

- 吃食

这里新年的酒肴，最普通的便是"生蒜""杏汤"和"皮蛋"。酒多用绍兴酒，以老酒、米酒等为多。

- **接厓**

　　初四日，是"接厓"（即接神下降的意思），家家早晨都烧香点烛，敬供"荐盒"（荐盒是装着落花生、冰糖、糕饼、冬瓜条等物合成的），供着迎神下降。

- **天公生**

　　初九日，是"天公生"（就是天公的圣诞），所以在初八日晚上，十二点钟过后，就要放爆竹，祀品用水果、猪头、糕饼等食物。这虽是大多数的人家要这样敬祀的，但是不敬祀的，却也不少。

- **庆贺上元**

　　十五日的白昼，有的社长便叫去一个道士和一班吹鼓，向那社境里新婚的和新生男孩子的人家，去"庆贺上元"，便要向人家讨赏"红包"，不过这种行事现在已经是渐渐地无形消灭。

- **闹元宵**

　　十五日的夜间，是"元宵"，各处的庙里点满了红纱灯，这都是那地方弄璋的人家来点的，叫作"元宵"。元宵的夜里，有看新娘的风俗。所以新婚人家，门前一定要点一盏"天官赐福"灯，无论是相识的，或不相识的一般妇女，都可以进去看新娘的。

福建南部

初一荣,

初二停,

初三无姿娘,

初四神落天①,

初五天神下降②,

初六另空③,

初七七元,

初八团圆,

初九天公生④,

初十蓝相生,

十一请子婿,

十二返去拜,

十三食唵糜⑤配芥菜,

初一荣
初二停
初三无姿娘
初四神落天
初五天神下降
初六另空
初七七元
初八团圆
初九天公生
初十蓝相生
十一请子婿
十二返去拜
十三食唵糜配芥菜
十四结灯棚
十五上元瞑
十六牛相生
李夫人
天乡

---

① 闽俗十二月廿四送神上天奏玉皇,所以初四有迎接神的。
② 廿五天神下降,是查巡一年之事,初五是复查的。
③ 另空,是没有事的意思。
④ 玉皇上帝生辰,闽北不盛行。
⑤ 唵糜,是稀饭。

十四结灯棚,

十五上元暝,

十六牛相生,孝大人①过了又遇天乡。

先边是一首最盛于闽南的新年歌谣,是从风俗的背景而歌咏出来的。

• 初一荣

因为初一是新年的第一日,吉凶祸福都在这天注定的,贴起新的春联,屋子比平日要扫得干净。并且大灶、神前、水缸、箱橱桌上边要放几文钱,再放些饭糕、春花、芋头。在除夕那夜,老妈子是不吃东西的,为的是"积谷防饥"的意思,明年必定丰足的。放钱和饭糕是表示本年丰衣足食还有许多的余积,希望明年也要是如此的好。吉时一到,不约而同地炮声四起,新正降临了,老妈子于是安心地去睡觉。清晨起来以后煮一碗面线,上面放些黑麻油,热蒸蒸地供奉上神或祖宗之前,供了以后,合家围着吃,意思是说吃了以后生命就似面线一般的长了。再煮几碗蔬菜供奉祖先,但是禁用刀切的,因为说刀是凶器。这天老妈子又说:吃甘蔗,能硬齿;吃红虾,身体能康健。孩子们不准到门外游玩,怕犯了凶煞的神祇。妇女们仍勤务她们的女红,男子们却去大赌特赌了。

---

① 孝大人,是供的纸像。

- 初二停

　　那天照初一一样的没事做，妇女们归宁贺新正，并须带红包及糖饼散给一般小孩子，不然，亲戚兄弟都会反起目来，那就不吉利了。

- 初三无姿娘

　　因为闽南新娶的妇女们归宁去了，这时候还没有回来。

- 初四神落天

　　那天清早起来，沐浴焚香，三牲果品排在神前，用纸印红色的云马、车、轿，说是欢迎神祇降临本宅，可保一家无事了。

- 初五天神下降

　　这一天室中怎样的不清洁，都是不敢扫的，尤其是不敢弄污秽的器具放在里面，怕天神到来巡查时触犯了，那就凶多吉少。

- 初六另空

　　就是说没有事的意思。

- 初七七元

　　农村中的农人，把他辛辛苦苦积下的五谷，这一天好似展览会，把一种种的谷料，拣了好一些混合蔬菜煮起来吃的，名叫七宝汤。据他们说，吃了以后百病就解除了，可以安居享乐了。但是城市人民和沿海渔人，没有好多的谷品，他们就用肉、鱼、蔬菜同样地混合煮起来，也算是过七元了。

• 初八团圆

因为初九是天公生辰，靠天吃饭的人民，这天要一年一次庆祝玉皇大帝的圣诞的。在那时候一家人必须团聚在一块儿享叙天伦之乐，假使妇女们因贺新年到那天还未回来，她家里的人就到外家戚中要去说话了。

• 初九天公生

一般人民平常相信一切祸福都是由天定的，所以时有诚惶诚恐地祈祷，借以薄罪获福。故到了天公生辰的一日，大杀牲口，排列九牲五果六齐，焚香点烛，清茶清酒，满桌都是，且又演戏和请道士和尚念经，十分热闹。各家家长都手捧面线去祝祷玉皇长寿万年，并保佑他们一家清泰发财了。

• 初十蓝相生

现在蓝相的遗迹，已无踪迹了。

• 十一请子婿

闽俗对子婿是很亲热的，所以这一天特别请他到来，招待周详，无微不至，但他来的时候也必带些红包分给他岳家的孩子们。

• 十二返去拜

就是说贺新年的客都回家去了。

• 十三食唵糜配芥菜

人民没有敬神作节，就可以吃家常便饭。

• 十四结灯棚

从前泉州的风俗，庆元宵的时候，结很高的灯棚，现在此风消灭了。漳州白水营一带还有结起灯棚排楼的。

• 十五上元暝

闽南人传说，天上的状元爷（天宫赐福神）下凡游街，状元爷是具着儿童的性情，欢喜同儿童游玩的，所以家家户户叫儿童手提五光十色的灯笼，不约而同地高喊游街（有的门前用纸扎虎豹马兔等动物）照得如同白昼一般。也有供奉祖先的，那天农村中甲乙村或甲乙区必须掷石头乱打，如果不掷，他们乡村必定要发生瘟疫的，所以常常因此闹出械斗、流血的惨祸来。那夜妇女们在神座前拈香，到邻家听人说话，再在神前卜下阴信以定吉凶，处女们捧一盘饭果到屋角或厕所中祈祷纺织娘教她们裁缝了。

十六牛相生

泉州惠安东园附近有一个土塑相公的传说:"他自接续了手足,他就到四处追逐妇女,所以妇女们受他戏弄,心里非常不甘,把他头上钉下三个钉子,他现在不能动弹了。人民还怕他再来兴波作怪,所以要到生辰的时候,才敢接续他的手足和穿上新鲜的衣服。"现在这土偶已很少有人崇拜了。

李大人

大人(漳州人叫退身)是纸糊的一身人形,满身戴的不少纸钱,说他能替人避灾害的。如果增多人口必用二个家主人煮的蔬菜、饭、鱼、肉,供奉他,请他喝酒,并且念着道:"大人食酒,出门遇着好朋友,逢了险灾,化为吉优。"请完了将钱二文卜下,看他吃饱了没有,如果没有吃饱(卜无阴信),要再三卜下,候他答应,然后才把他烧掉,再把草扎草人移去橱下或路边,说他安心没有灾祸了。这是在灶君面前举行的。

天乡

天乡有人说过"清醮",是敬天和敬神的。天乡是一乡公共合并敬天的,人民到了那天备了猪羊等物品,同敬天公。衣服穿得整齐,抬出几尊土木偶,安在大轿内,手持大旗、三角旗,锣鼓喧天,飘飘荡荡巡行在本乡内。和尚或道士在前引路,土偶神殿,听到各处钉了二寸长短的柴节和纸符,鸣枪（或炮）三响，再巡各家的门口，户主排香案迎接，道士大吹法螺巡查，然后回到庙里去，烧金、化纸、演戏、请客，忙碌一场，才得完了。

广东

- 广州
- 海丰
- 翁源
- 潮州
- 阳江
- 东莞

广州

目录：开门大吉 财神到 卖蚬子 拜年 嬉戏 开年 无情鸡 放鲤鱼 饮食忙 逛花地 打春 打仔 开灯 完灯 请灯 三元宫去

• 开门大吉

元旦早上起身，鞭爆的声音震耳，一打开门，就看见自家门上贴了一张红纸，印着"开门大吉""对牌收钱"。

• 财神到

一个化子样的小孩子，手里拿着一些暗淡无光的红纸，上面写着"财神"两个字，嘴里喊着："财神到！"许多爱听吉利话的人们，便给他一些"利市"，拿了财神两字回去。

• 卖蚬子

有一种小贩，他们卖的是蚬子，是新年里吃的食物。元旦，小贩嘴里高声地喊："发财大蚬。"

• 拜年

孩子们、女人们，以至许多男人们，都

穿了红绿的鲜艳的衣裳。吃过早餐，便到亲戚家里去拜年，大家相见，就说"恭喜"，或是"恭喜发财"。假使是亲一点的人们，便要先向他的祖先遗像行礼（所谓诗礼人家，这时神龛前，已挂了先人的遗像），行礼以后，主人让座，捧出一个"八果盒"，盒里放的是些蜜饯一类东西，如莲子、马蹄、椰丝、莲藕……中间放着红瓜子，请你吃时，向你说"拗金"，再请你拿时，说声"拗银"，也有说"拗深"的（因为红瓜子像赤金，所以说"拗金"，由金而银，无非取好兆头）。要是小孩子或没有结婚的少年，一定要给"利市"。女人们到亲戚家去拜年，大都要预备一个漆篮子，里面盛一些瓜子、红橘、利市，到了人家，端这些东西进去，人家回她的，也是这些东西。假使是新嫁或嫁后不多几年的女子，人家一定要回送两枝长蔗，两株生菜，一些韭菜，两个慈姑。回到自己母家去拜年，那是年年如此的。元旦，如果历书上记着是破日，就不好到人家去拜年，并且起身的时候，不好叫人。

• 嬉戏

元旦，人们唯一消遣的东西，就是赌博。赌的种类，有麻雀（麻将）、天九、掷色、骰子、状元筹……有的就去看看电影和粤戏，逛街和游观音山。

• 开年

初二又叫"开年"，很早的朝晨，那些老婆子都要起身先拜神，再去拜祖宗，用鸡、猪肉、橘子……供祭。开年以后，才可以扫地，人们的讲话和举动，到今天也不必十分顾忌了。

• 无情鸡

一家商铺的伙计的去留，开年这一天是明白决定了。平时，老板对伙计，如果有什么不满意的，只是牢记在心头，就是除夕以至元旦的晚上，还是点存货物，清理账目。一直到元旦的夜半，经理把账目和存货弄清楚，盈利和亏本，都可以知道了，这时预备了一桌菜，正中端的是一只鸡，吃饭的时候，老板对于伙计如果要辞退的便对他婉辞辞退，吃完了饭，伙计就马上离店，没有一点人情，所以那一只鸡，就叫"无情鸡"。留的伙计，自然用不着如此了。

• 放鲤鱼

有些人家，初二要去放鲤鱼，就是把那条谢灶的鲤鱼，拿到珠江去放生。此后，家里也不再买那鲤鱼来吃了。

• 饮食忙

拜年忙完了，接着还是饮食忙，献全盒，吃瓜子，喝香茶，还要吃煎堆、油角、芋虾……过了不久，又有煎年糕、萝卜糕、九层糕……还要留着吃饭，真的弄得饮食忙碌了。

- 逛花地

　　初七是"人日"。那天，广州西南隅，有一处地方叫"花地"的，很多人都要跑到那边玩。

- 打春

　　大沥乡有这种竞技。打春前几天，便叫孩子们打碎了很多的石子，安放在田野郊外。打春的开端，就是双方先划好界限，再各自布置阵势，口号一响，双方拼命飞掷石子。石子的横飞，很像流星，如果打破了头，双方是不好夹恨报仇的，一方给对方追入划界，便算失败了。因为彼此都是邻乡，所以岳丈打伤女婿，妹夫击倒大舅的，是很多的，可是大家都把它当作玩意儿。

- 打仔

　　在正月的初旬，孩子们也分做两方，集合在山野之中，拿拳棒相互地斗打，这叫"打仔"。不久双方的壮丁也到了，帮助孩子们再打一场，以胜负卜一年的兴衰，也有因此而闹出人命的。打仔流行在番禺的乡下。

- 开灯

　　凡是去年养了儿子，今年的新正，就要"开灯"，也叫"开新丁灯"。建造或购买房了也要"开灯"，叫"开新居灯"。娶新妇也要开灯，叫"乘龙灯"。还有一种叫"发财灯"，就是去年发了财，或是望来年会发财，都有这样一回事，大约在初二到初五这几天中，择定一天来行事。更有一种是由地方上公众集钱来开的，大约在元宵以前的三四天盖起一座棚，堂中挂一盏大花灯，点着几百盏灯，这大花灯的式样，是有一定的。广州市上有几个大灯棚，都是各自采定形式的，有的用树头灯，有的用莲花灯、大珠灯、和合二仙灯、大银锭灯……（出名的灯，有雅荷塘土地庙的大珠灯，正南街三娘庙的莲花灯，天平街福德祠的树头灯）灯棚里还搭着歌台，雇请八音班演唱三天又三夜，人们都来到观看，这叫"捐灯棚"。

人家用的灯，形式更加多，什么时果灯、走马灯、和合二仙灯都是。有一种做亚婆灯的，和床头婆开灯的日期都在正月十二日。这天，贩卖亚婆灯的沿街叫唤，灯是用红、黄、绿几色彩纸，糊成六个圆筒，然后再黏合而成的。人们买了，只把香枝（俗叫香鸡）来挂在床头婆的香炉上，便算替床头婆开灯。

• 完灯

完灯的日子，多在十六的晚上，叫作"座灯"。从开灯到十六，天天晚上都要点得亮亮的，到了那天晚上，就用冥镪等焚拜神明。以后不再点灯了，这叫作"完灯"。

• 请灯

到了上元又要请灯，因为"灯"和"丁"声音很相近，所以向庙里去请灯,据说可以添丁。庙里挂了许多灯,都编了吉祥的名目,又分了几等的价钱。人们想请的,告明厂里的司祝,喜欢哪一盏,便用红柬写着"某宅敬请"四个字,这就叫作"请灯"。元宵后三天,司祝便邀了许多人,拿了花灯,敲着铜锣,挨户分送,叫作"送灯"。到了明年开灯的时候,买一盏同样的花灯,连它的定价和香油、鼓乐金……一总送庙里去,这就叫"还灯"。

• 三元宫

元宵,观音山的三元宫最热闹了,市内的女人们都上三元宫去,还有那疍妇、妓女,也都很高兴地去参拜,从朝到暮,路上满挤着人们。

海丰

开门炮 炉头香 吃/着 拜年 禁忌 赌钱 舞狮 鼓手 唱曲 询年 送穷鬼神 等七样菜 开灯 灯酒 花灯千 打秋 寻工课 新年歌

· 开门炮

　　元旦日放开门炮,要依照《通书》指定的时刻和方向燃放。放的时候,先在屋内把联炮的引心燃着,然后才把门打开了,拿炮向外边放,同时要说一句"平安大吉"这一类的吉利话。

· 炉头香

　　放完了开门炮,就拿素菜、年糕……奉祀神明和祖先,有的要到玄天上帝庙进香,谁最先到那庙去进香,就是进了"炉头香"。据说进了炉头香的,就可以得福利。(所以人们赞美人家的幸福,就说:"你好呵!你前世烧着炉头香。")

· 吃/着

　　神明、祖先祭祀完毕,就进早餐,大家是吃素的,也有这一整天完全吃素的。吃完了，大家穿着簇新的衣服鞋帽，享受那新年的快乐，孩子快乐得手舞足蹈，早跑到门外去放炮子，听鼓手，看舞狮，听唱曲了。

· 拜年

这天，小辈应向长辈叩头，作揖贺年，叫作"拜年"。长辈就把红纸包着银元的封包，或是拿柑赏给小辈。人们在路上碰到了，虽是不大相识的人，也要互相拱手作揖，这叫作"恭喜"。恭喜时要说"恭喜！新年万事如意""恭喜！添丁发财"这些话语。这时候，无论哪个都是很和气，很有礼貌的，就是平时有些怨恨，或昨晚为着讨欠账而相骂的，今天相逢也笑嘻嘻地恭喜。

· 禁忌

元旦是不好汲水的，天将晚的时候，要焚着香向井神禀明以后，才敢汲取。不好扫地，必须到初三那天才可以打扫，因为在初一、二扫地，恐怕扫掉了财运。

· 赌钱

新年，人们的赌钱是很普遍的。就是平时不赌的人，到那时也多破例来一玩。赌钱的方式也很多，有麻雀、铜宝、牙牌、纸牌、扑克、花会牌、骰子、状元签、葫芦纹（就是星君图）、滚铜圆……许多种。麻雀，是比较文明一点的人赌的。铜宝，比其他各种都普遍，而且赌钱的进出也比较大。小孩子赌的，以扑克、葫芦纹、滚铜圆为多数，因为这几种比较简单而有趣。女人们多半是赌骰子和扑克。

• 舞 狮

每一班，多的三四十个人，少的也有二十多个人，各人都着同样的衣服，腰里系着带子，个个都是雄赳赳的。元旦开门炮一响，他们就开始到人家来舞狮。最盛的时期，是从元旦到初五、六，过了这几天，就慢慢地少见了。舞狮有下面的四种：

麒麟 多是由市上的居民组合的，邻市的乡村也有。舞狮中这种比较最出色，因为它的人数多，用具也整齐。锣鼓是用一副大铜钹，一个响鼓，一面厚铜的锣，奏起来非常响亮雄壮。用竹扎纸糊做成一个麒麟头，绘上美丽的颜色，拿绒线做它的须和毛，拿一丈长、四尺阔，画上彩色的布匹做身子。布的末端，再用一束绒线做成尾巴。舞的时候，一个人双手拿着麒麟头，一个人俯首伛背地冒在尾端，锣鼓一响，两个人就在场子里舞出种种的姿势。舞完了，就演拳棍，接着又一对一对的比那双刀、枪、牌。

狮 多来自附近的乡村，舞演的状况和前者是相似，不过锣鼓却不同。狮头是扁圆形的，直径大约两尺多。一个鼓，两面锣，都比前者小，声音也都不及前者的洪亮，刀、枪、牌也比较小，不过有的加演数人的比棒和跳桌。

客仔狮也多是附近乡村中玩弄的，大概和"狮"很相似，不过狮头不是扁圆的，它有一尺多大，很像猫的头，下颚是活动可以开合的。另外还有四个人，戴着假面具，两个是猴形，两个作笨伯，跟着狮舞弄，装出种种诙谐的动作。

外江狮都是外乡来的，人数比较少，狮头、锣鼓都和"客仔狮"相同，不过没有假面具。技术都比较精巧，常常叠了几张桌子，人在桌顶演出各种戏法。

• 鼓手

就是"唢呐"，或叫"大笛"，又叫作"吹班"。每班吹大笛的二人，打铜钹和打小鼓的各一人。新年一到，他们就很忙碌，在除夕的下午，就开始到商铺子里，替人家吹奏，一直吹奏到初三、四才止。初一、二是最热闹。他们跑进人家，先说一声"恭喜"，接着就"吱嘟吋……喳"地吹奏起来，有的吹过几声，就插几句"众仙齐到，府上加闹，蟠桃赴会，长生不老"吉利的说白，说完以后，再奏一下，才拿了封包到别家去。

• 唱曲

唱曲和舞狮一样的盛行，在元旦到初五、六，因乐器和唱调的不同，可举出下列的这几种：

西秦曲多由市上和附近的乡村人们所组织，人数大约二三十人，乐器的声音很洪亮，和广州茶楼唱曲伴奏的差不多。唱的调子，多用"西皮"，曲名有《薛仁贵回窑》《郭子仪拜寿》等。

白字曲 是村中人唱奏的，人数二十人左右，唱伶大都是十三四岁的小孩子，叫作"曲旦"，着同样的长衫鞋帽，乐器有的和前者一样，可是锣、鼓、钹是不用的，奏出来的声音比较弛缓、呆滞，不及前者的雄壮。唱的曲和说白都是用土音，调子也是一种特别的俗调，平常唱的多是《王双福看龙舟》《柳连上京》等曲本。

潮州曲 又叫"潮州白字曲"，多来自潮州，邻近也有。人数约二十多个，唱伶和服装和"白字曲"一样。乐器却和前者都不相同，奏出来的声音，尖利清脆，唱的是潮州土音。曲本以《滴水记》《象地记》《上海案》最普遍。

• 询年

初二的早餐以后，亲戚朋友们互相登门探谒，叫作"询年"。去询年的时候，要带些年糕、柑、酥糖、油麻包……这种礼物，这叫"面前"。主人接待客人，先敬清茶和烟，再送上"咸茶"①，主客边喝茶边谈天，过了一会客就告别到第二家

---

① 咸茶，初二款客用的，制法：把茶叶放在牙钵（钵的里面，密划着凹纹）里，用茶捶擂着，擂到粉碎，加些食盐，用沸水一冲，叫作"咸茶"。咸茶里和些炒熟的油麻的，叫"油麻茶"。和炒米的，叫"炒米茶"。和花生的叫"花生茶"。和入各种蔬菜鳗鱼、鲜虾……的，叫作"菜茶"。喝咸茶是当地人的一种嗜好，尤其是妇女们。小康之家款客多用炒米茶。普通人家多用油麻茶，如果优待客人，那就须多下一些油，以示敬意。海丰竹枝词有云："厚薄人情何处见，看他多少下油麻。"

去了。新女婿的初次拜谒岳丈，也多在初二这天，俗喊"上厅"。因为元旦是初过新年，初三是穷鬼日，初四、五以后又觉得离年太远，有些不敬重的意思，所以新女婿多在初二"上厅"。

• 送穷鬼

初三，俗叫"穷鬼日"。清早要把房子里边的垃圾扫做一块倒在外面垃圾堆里去，有的要拿几炷香，几张冥镪，和垃圾一同倒去，同时还要放几个火炮，这样就叫作"送穷鬼"。这一天，亲友是不相往来的，尤其是妇女们禁忌着。

• 等神

初四的晚上，人家备了牲礼祭灶神，叫作"等神"。据说灶君廿四那天上天，到初五的早上要回来了，所以人们都备了牲礼接驾。不过灶君落天的日期，各处是略有参差的。

• 七样菜

初七的早上，大家吃的是饭，另外还要用菠菜、芹菜、茴香、蒜等七样蔬菜合烹起来，就叫"七样菜"。据说吃了就会得财利的。

• 开灯

十三那天，神庙和宗祠里都挂了好多的花灯笼、红彩、花灯……小孩子在那里打锣敲鼓，非常的热闹，这就叫作"开灯"。"灯"和"丁"两字是同音，所以这就是"庆丁"的礼俗。有的人家备了很多的菜茶，请那亲戚和邻居来喝，这叫"灯茶"。喝灯茶有一个通例，就是主人虽没有请你，如果你高兴，也可以随便进去喝的，那主人们是非常欢迎的。

• 灯酒

元宵节，家家要备牲礼去祀神祭祖，大街小巷中的人家，凡在去年养了男孩子的，他们就在这天设筵欢宴。要是族中有公产的人家，那就由公众来办酒席，在宗祠里宴饮，这就叫作"灯酒"。这天晚上，晶亮的月色和辉煌的灯光交映着，锣鼓的声音，加倍的响亮，又杂着孩子们的呼笑声，男男女女一群群地在街上游逛，看花灯、秋千，小孩子们提着纸灯，乱跑乱叫，更乐得发狂。这样的，直闹到更深才歇。

• 花灯

灯是用禾草、彩纸扎成人物楼阁，环列在用竹片、彩纸制成的塔形的架子的边旁，或排列在长约八九尺的木架的旁边，就叫作"花灯"。这种花灯，多挂在较大的神庙中央供人们玩赏。元宵以后，各人用红纸一条，签写着"某某敬求花灯一架"字样，贴在花灯的下边。到十七那天，由神庙里的庙祝，将各人贴的纸签，在神前逐条地掷杯珓，圣珓（一阴一阳）最多的，就把这架花灯送给他。送的时候，一路上打着锣鼓,吹着细乐,放着联炮,也是热闹得很。

• **打秋千**

又叫"打灯秋",和普通秋千不相同。元宵那天,在神庙的旷地上搭一个高约丈余的架子,架子上置一支可以旋转的大木轴,轴的中央,穿两支长约丈余的竹杠,竹杠的两端各放可以坐人的能转动的木板。打的时候,就是两个重量相等的人,分坐在木板的上面,另外有人把竹杠推动,那就慢慢地上下旋转,坐在竹杠两端的人,也跟着一上一下,同时,两人歌唱那互相对答的"秋千歌"。(歌词待搜集)

• **寻工课**

"月半过,人人寻工课。"这是海丰很流行的谚语,意思就是从元旦到元宵,各人都不去做工,整天可以玩耍,但是一过了元宵,各人就该卷起袖子各做自己的工作了。

• **新年歌**

从元旦到十六,每天行事的实况,在新年歌里有简明的提示,所以它既是新年欢乐的歌颂,又是习俗的概述。歌句录在后边:

>初一人拜神,
>初二人拜人,

初三穷鬼日,

初四人等神,

初五神落天,

初六正是年,

初七七不出,

初八八不归,

初九九头空,

初十人迎行（"行"读"尤"），

十一嚷挤追,

十二搭灯棚,

十三人开灯,

十四灯火明,

十五人行街,

十六人整犁。

翁源

侧栏目录：开门 / 拜年 / 捷足先登 / 上饭·谢灶 / 拜社年 / 禁戒 / 压岁钱 / 门头香 / 团年 / 契门 / 送穷 / 到婆家 / 开小正 / 了新年 / 舞狮 / 舞凤 / 夜鼓狮 / 开大正 / 奉神 / 吊灯

· 开门

元旦一早起来，燃放串炮、大炮，放过就开门。"开门"以后便算是元旦了。元旦，是一个年号的第一天，"开门"自然不能随便，非预先请星卜家依着屋场的坐向门户去拣个良时不可。大约，早至"子时"，迟至"辰时"。"开门"之前，门不许开，"开门"之后，虽然在深夜亦不许闭。后者，大约是取"迎财神""迎春""接新岁"的意思。

"开门"有开大小门之别，"大门"是出野外的门，"小门"是屋内的间门。大抵是先开"大门"，次开"小门"。反是的，也有开"大门"，多用串炮、大炮，开"小门"则常用满地红和电光炮，为的是好看。

· 拜年

"开门"后，以次去拜尊长。近来多用叩头、作揖，拜的倒少见了。这个仪式，叫作"拜年"。用的说话,对长辈称"恭贺,过了新年,健健人""增福增寿""福如东海,寿比南山"。尊长回答的,是"发财……添丁……""万事如意""合想"等普通话。平辈,可用上面的几句话。对小孩子,用"快长,快大""立志,读书"这几句勉励的话。

• 捷足先登

"开门"以后,妇女们忙着到附近河唇圳口去担水来煮饭,想是取捷足先登的意思。

• 上饭/谢灶

饭熟后,盛了五碗,和筷、香、烛、纸、宝、茶、酒、串炮、满地红、大炮、三牲、茶托等捧去拜家庙和拜灶,意思是请神先吃。拜祖,叫作"上饭";拜灶,叫作"谢灶"。

• 拜社年

如果为时尚早,没有天亮,没有吃早饭,便约齐全家长幼老少,带着香纸、宝烛、鞭炮、三牲等,衣冠楚楚,排行列队,闹着锣鼓,到附近的社坛庙宇去拜神。闹了一次锣鼓,放了一次鞭炮,又一样高兴地闹回来。途中遇到人们互相拱手道贺,一堂和蔼,变仇雠为兄弟,这种情景,真耐人寻味!这一次的游行,叫作"拜社年"。如果是晚上,自然要用灯笼火把,不消说更有一种情趣。

• 禁戒

这天，大家坐着谈天，不干事情，不许说不吉利的话，连孩子也每以此相戒。闲谈无事，有时也许聚众赌博，虽很正大的人，有时也要破戒，约束子弟，自然是放松点了。

• 压岁钱

孩子们，穿着簇新的衫裤鞋帽，袋里有了许多"压岁钱"（家长给的），买了元橘、瓜子、糖味、鞭炮等，四处乱窜，如天使般的快活。

• 门头香

晚上，要向家庙和灶君烧香叩头，一直到初五为止。每间屋门口，应插一根香叫作"烧门头香"。

• 团年

年初二，大家到宗祠去，备些酒菜来喝，猜拳谈天，倒也畅快。衣服，自然齐整华丽，八音锣鼓，也大闹一场。喝完了，酩酊大醉地回转家去。"团年"大概在这天举行，在元旦日也有。人物，自然是男子，意思也很明白，即大家在这天团聚起来庆祝新年。

• 契门

在傍晚的时候，大家拿些香纸宝烛鞭炮到大门口去烧，茶酒三牲，也要一堂。这样的"契门"，有没有其他的作用，不得而知。

• 送穷

年初三这天，是"送穷"的日子，虽挚友亲戚有什么重大事件，都不相往来。"送穷"的习俗，就是如此：预先将屋内的污秽、柴毛、纸屑、骨碎等扫齐，倒在田上用火焚烧，更需香烛鞭炮等去烧，叩几个头，作几个揖，意思不外将从前秽气、穷气，用香烛送走，迎财神福星来临，这两点意义，总说一句，仍不外取"吉兆"。

• 到婆家

年初四女人们争先恐后地着了簇新的衣服，挑着箩篓，畀男畀女，十十八八的成队到婆家去。虽然迟早也有，大抵总以这天为多，就是下雨也要去的。意思不外是因为初二离年太新，初三是穷鬼日，不能去，唯有初四最适宜。

• 开小正

年初五这天叫作"开小正"。"开大正"，还有正月十五那一天，就是"元宵节"，叫作"开年卦"的。

中人之家，天天烧"门头香"一直到这天止。还有一个地方，自除夕起，每晚要"开门"烧纸炮，虽然烧的不大多，但总是照例奉行，干到今天晚上才止。今后已开了"小正"，出了"年卦",自然可以中止"开门"了。

- 了新年

新年闲着不做工,叫作"了新年"。今天以后,比较清贫之家,恢复日常的工作。富有之家,则要等到开了"大正"——元宵节后,才照常工作。新年民众的娱乐,有舞狮凤的,着手到各村户去揾钱。

- 舞狮

舞狮凤的期间,大约从初四起至十五止。十五过后,"大正"已开,谁也没有心来看,自然挣钱不到了,如果远地来的江西狮,当作例外。

舞狮的,是些学拳棒之人,人数自七人至十四人,穿一样的衫裤鞋帽,束一样的带,很是威风,刀、棒等都齐备。还有一个纸糊的"狮头",因其形不同,而有"猫头狮""鸡公狮""斗牛狮"之分。眼鼻口舌俱备,画着彩色,饰着绒线雉尾兽毛等,煞是好看。另有四个假面具,二个猴形,叫"孙猴子",二个笨伯,一个是唐僧,一个是沙僧。舞时,随着滚动跳走,饶有兴趣。舞罢,演习拳棒,至汗流浃背才止。"拜帖"上写"狮报兴隆""狮报宏发"等吉利语。还有人家赏给的红旗子,一手擎去闹威风。什么"勇冠三军""披甲全球""武艺救国""唤醒黄魂"……不会欣赏的老百姓们,老是不欢喜舞凤的,而爱那舞狮。

打江西狮的，从江西来，人数较少，技术较精，能挟孩登十数张台子的上面，表演种种戏法，以人命为儿戏，虽过于残酷，但是民众却对它很表欢迎，所以搵钱亦易。

- 舞凤

也有两个纸糊的纸凤头，使小孩蒙着，呈寻食、挺翼、生卵的状态，孩子们看了，也很觉有趣。可是他们的主要技术，却是打八音，弄弦索（胡琴、二弦、三弦、月弦、管子、笛……），唱调子搵钱。因为舞凤的人多半是斯文的，弦歌的声调，也比较为文士商富们推重，所以寻钱也容易一些。

- 夜鼓狮

还有舞牛、舞马、舞龙、舞鹤、舞鲤鱼等，各操所糊的牛马等，伴着锣鼓旗帜灯笼，多在夜里出行舞弄，所以又叫"夜狮舞"。舞的时候，有的扮女子，有的扮丑角，互相问难唱歌，用锣鼓相和，能使人们满意而失笑。歌词多为四句一首，或以十二月为题，或以牛马为题，说到人世的辛苦，女人的难做，声调委婉凄楚，耐人寻味，可是多杂俚语，很难录出。

- 开大正

元宵节这天，又叫作"开大正"。锣鼓闹到今天以后，新年已经老了，把它收藏起来。妇人们新年到婆家去的，要在"开大正"前回转家来过"十五"，意思是参加庆丁，取生子的佳兆。猪肉、豆腐、莲，家中已备好了的，饱吃一顿，总可以有的。"十五"后，农事还未忙，仍有到婆家去玩的。

- **奉神**

　　元宵要用香烛、纸炮、三牲等去祭祖、灶、庙等。

- **吊灯**

　　又名"庆丁"，庆丁有的在十三，有的在十四，有的须预先择日，有的固定十三或十四举行，有的却在十三那天举行。庆祝生子的人。花灯用竹作骨骼，彩色纸糊，更佩纸条和宫殿人物，倒有些好看，里面安油灯一盏。已生子的，预先买到，这天用红绳吊上宗祠梁上去，同时闹锣鼓，燃着鞭炮，这叫作"闹灯"。意思是愈闹而人丁愈多。生子的人，另外还要买许多花灯去送给其他的神坛社庙观音棚等。大约是神庙用"鼓子灯"，观音棚用"莲花灯"。

　　饮餐酒席，或是由公家备办，或由集会具办，或由新生子的送办。闹了丁以后，一般男子大家高兴地围着吃喝，猜拳说笑，尽欢而散。开始举杯的时候，照例说一遍："恭喜！多生贵丁！添丁添丁！"席间还有许多吉利话要说。

　　从元旦至元宵，都是快乐的日子，大家尽量地闲谈享乐。

潮州

食品嬉戏行动

• **食品**

新年有许多和平时不同的食品，有甜有咸，那些名称、做法和吃法，我想也是大家爱知道的（平时日常食品不赘）：

年粿 潮州叫作"ㄣ壳粿"（就是白头翁）。"ㄣ壳"是一种植物，把它捣成粉，拌些糯米粉蒸着，用糖水揉和，到柔韧有点黏性，然后捏成粿皮，包着米麸，揿入模型，印成圆形的糕。隔三四天，粿皮干硬了，然后放在豆腐皮、竹叶或芭蕉叶的上面，再放到釜子里蒸起来，十分钟以后拿出，晾干，过一两天，再放到釜子里蒸，蒸好就可以吃。

米麸，也是糯米做成的。先把糯粟入釜炒着，到焦了研成粉末，筛去粟子，和些白糖或红糖、花生屑，也有和着黑榄仁屑的。

甜的ㄣ壳粿，不容易坏，晾干以后又不坚不腻，可以藏到两三个月之久，而常保持原来的状态，所以孩子们去上学了，衣袋常带有这一种食物。

不用冷吃，可以拿油来煎，或用水蒸。这比较麻烦些。

十年以前，潮州还很少精制"ㄘ壳粿"的风气。现在粿皮、粿馅都很讲究，而尤其是粿皮不容易做，据一般人说："馅要精，粿皮要薄，要韧，要有光泽，蒸成粿，映于灯，可以看见背面皮指的影，捏口处看不出褶痕，这才是上乘。"

潮州的"ㄘ壳粿"，以揭阳的为最讲究。

菜粿 用粳米粉入锅煮热，取出掺水揉和，直到柔韧有黏性了，就捏成粿皮，包些馅子，就成菜粿。

这馅子的材料，常用萝卜、蒜、韭、苋……都切得很细，和些盐、猪油，也有再加肉丝、虾米、香菇这些东西的。

做好了粿，然后放入特制的竹器中排好，入釜蒸烧，每次焚香计算时间，到一定的时间，那就蒸好了拿出竹器。

粳米粿是容易坏的，所以从除夕到正月初二，要大家吃完它。

腐圆 是用粳米粉拌萝卜屑和盐，加花生油，炸了而成的。

酵包 又叫"梭ㄘㄛ包"，是用酵母使物体发酵的一种甜的食物。做法：把酵母和入糯米粉所调成的饱和酪中，加相当的糖，放置大约半天，等它酵了，就一团一团地放在竹器上，入釜一蒸，便和菜粿一样。

制酵包是件神秘的事。她们都小心翼翼，不敢随便讲话，到调好了酵母，静候发酵的时候，说话更多着禁忌呢！要是你问一句："那酵包怎么不会浮？"就会立刻使得她听了一怔，没有客气的话答复你,因为"不会浮"这话语,她是避忌的,你说"浮到雅死",她会忻然地笑了。

管煎 拿菠菜或萝卜,调成适当的味道,用豆腐卷成条子,放在油里煎,熟了,切成一寸长短的小段来吃。

五果汤 是用薏苡、芡实、豆粉、龙眼干、莲子,入锅煮熟,加上白糖就好吃了。有的用柿干代莲子,有的就有六种不同的东西。

• 嬉戏

一到新年,家庭平时的禁律都开放了,于是娱乐的事,也五光十色的门类繁多。

赌博 这种类很多,像"麻雀牌"还是大人们的东西,普遍于一般女人孩子的是"扑克牌",还有"赌万六"和"马九"这两种,一个七八岁的孩子便赌得很好。还有"四色牌""碰牌""虎牌""状元筹""天九牌""十二面花牌""四面摊",以至于小摊子上的"鱼虾蟹"。更有很普遍的"闷葫芦",比较有趣味。它是一张一尺正方的纸,上面印螺旋形的线,线中间排各种人物牲畜,除最终点的"老仙翁"外,都是二件相同的,入局的可以在十人以上,挨次掷骰,互相排挤,能先达"老仙翁"的,就胜了全局。

骰子的玩法也很多,用二粒的叫"春花",三粒的叫"龙头"。此外如"十二""十八""七拈八添"……都是投骰子,看点子的组织而定胜负的。

在铜钱未废之前，还有掷"铜钱花""拈宝"这一类的赌法。还有"辇钱"，是将钱从斜板转下去，在一定的范围内以远近相掷定输赢。

打空钟 又叫"打竹嗡"，竹嗡是竹制成的，所发的声音是"嗡嗡"然的。

踢毽子 潮州的毽子是皮制的，一层薄皮，外面套一层蛇皮，屈成扁圆形，使有反跃的弹力，上面索一些鹰毛。

掷金钱炮 像金钱一般大的纸沙包子，一面涂些炸药向地面猛掷，就发出爆炸的声音。

• 行动

吃五果汤 元旦天还没有亮，妈妈姊姊已经起来整装。亮了，孩子们起身、洗脸、穿上新衣，"压腰钱"套在头上，垂在胸口。于是，孩子们向爸妈请安，再吃"五果汤"。吃完了，便到亲戚家里去贺年。

贺年 到亲戚家里去贺年，都要拿了柑包去，因为"柑"又叫"大橘"，而"大橘"又谐音为"大吉"了。拿大吉去贺年是有庆祝的意义的，可是主人也不好收贺客的大橘，但也不能不收，因为贺客拿吉祥进门，绝无拒绝的道理。所以多半是拿自家的大橘和贺客带来的互换，如是就是互尽好意，各得吉祥了。

今天大家相遇，是相识的或不相识的，不管是曾经闹过意见的，都要很客气地叫着：

"新正如意!"

"如意如意!"

"大赚呀!"

"升高呀!"

"同同同同!"

吃食 元旦进早餐,无论什么人,都应该吃素,只吃"管煎""腐圆",这都是素的,用花生油煎来吃。午膳便开始吃新年的盛馔鱼肉……大家还要吃"菜粿"。"菜粿"是去年廿九夜蒸熟的,吃的时候,再放在油里煎热。

禁忌 元旦是圣日,不要扫地,怕钱财扫去。不要汲水,不要洗衣服,留意一切的器物,不可跌坏。用膳不可用长短箸,否则过渡的时候,就会常常搭不着船。不许说坏话和骂人,假如今天孩子淘气,甲家的孩子骂或打了乙家的孩子,那甲家必须送一对"大橘"去赔话,而妈妈也不责问自己的儿子。有的妈妈怕孩子今天说坏话和骂人,特先在除夕睡觉的时候,偷偷地捏一把草,在孩子的嘴巴上擦几下丢掉,这叫"拭胶疮(肛门)嘴"。这样做了孩子说话不行,也不禁忌了。今天不好吃粥和喝饭汤,否则出行或做客,都要碰着天下雨。要是没有娶过妻子的,在结婚的时候,也一定要下雨把新娘的轿子淋湿了。

吹唱者 有一种叫"吹ㄉㄧㄉㄚ(chuī dī dā)"的丐役,在元旦这一天,挨家逐户地吹唱几句,大概是祝贺新年的意思。主人赏他封包一个,用铜钱,一个包封有八文、十二文、十六文。

恢复交易 从前，元旦的气象，直延长到初三，但是近年来，到初二，街道上已恢复了交易的状况。

祀神 初四，是神们降落到人间的日子，房里要点灯一昼夜，不好吹熄。还要预先挑一缸水，叫作"等神水"。在没有拜神之前，不能拿来用。否则，太不恭敬了。

初五叫"神落马"，要备了三牲祭品敬神洗尘。从今天起，天天晚上都要到神庙里去点灯笼，回到家里，还要到井脚和门边去插香，至十五才止。

初九是天地的生日，家家户户都要拜祝的，这天早晨，祭天地父母。当时切不可倒水在地面，因为倒了水，天地父母就不肯给他赚钱，而且将来一定还有水灾来淹死他呢！

抬三山神 每年的初四，河婆乡地方要抬三山神出游。当天乡下人都备了很多的纸爆，大烧一场。神的游踪所到的地方，一班女人们都在路上摊放稻草，有意请三山神踏过，然后拿回放到猪窝里，据说猪睡在这草上，就会"日大千斤，夜大万两"。游过神，烧去很多的纸锭，拿回纸的灰送到鸡埘间，那么这些鸡就不会生瘟，容易长大。

游灯 元旦节晚上游老爷，就叫游灯。先由几十个乡下人，打鼓敲锣，抬着老爷出游。路径由乡长订定，乡下人每人拿灯笼一盏，跟老爷游到尽头的地方，每人发灯柑二个。游到各姓的宗祠，大放焰火，灿烂夺目。等到游回庙去时，各宗属下的乡民，就杀鸭鹅……用三牲、果、饼摆设在大桌上，一乡几十处，大家比赛，这叫作"摆香案"。关于游灯有几句谚语："有游灯，家里生千丁；无游灯，家里要绝种。"

游灯的第二天，三王爷来寨收钱纸。所以每家先买纸钱，然后在家内各个男女老幼的身上，各扇了十二下，同时并说："四季平安，万事如意。"这就叫"胶聊"。以后钱纸放在门边，三王爷便挨户收取，从此男女老幼身上所有衰气邪物，都给三王爷收去。这些钱纸，捆成一只船，叫"乡船"。由三王爷押到远山溪边焚化，以后一乡人物，都可以四季平安了。

忌平安　有的乡村，在正月十六这一天，不准外乡人进来，这叫"忌平安"。如果有人冲犯了，一年之内全乡就要不太平。因此一到这一天，大家都防备得很严密，如果有外乡人跑来，立刻拿住，把他涂成黑脸，游街示众，然后放他回家。这个人回家以后，如果不死去，也要大病一场。

投桥　正月二十六日，是司命帝君上天的日子。司令帝君要上天，必须过桥，所以这天晚上有很多的孩子都跑到桥边，拿石子投向桥下，嘴里念诀"投桥肚，将来母子着雅㚘"。再走近桥拦投石，念诀"投桥干，富贵万千年"。

头夜昏灯　大约是正月下旬，就要开始游灯景，这叫"头夜昏灯"。这天晚上，各人家里都把畜养得最大的一只鸡煮好，用红的纸花和石榴叶插在鸡的头上，有的还挂着金耳坠，陈列在神前拜祭，祭完了称谁家的鸡最重的，便奖他红缎标一支。

阳江

> 行动
> 祀神/拜年
> 送年尾
> 鸡日犬日
> 开灯
> 燃灯

• 行动

元旦这一天,人们多是吃素的。禁忌着:不说不吉利的话,不洒扫地面。今天出门去,先要择定一个时间,拣好一定方向,出去走一遭,这叫作"出行",然后再到他所要去的地方。路上碰见相识的人们,大家就该拱拱手,说一声"恭喜"。要是碰到了熟识的孩子,就要拿插花(就是封包)、果、饼分给他们。

• 祀神/拜年

初二是开年,清早用猪肉、鸡等祭祀神明,也有用香芹(取"勤敏"的意思)、葱(取"聪明"的意思)、蒜(取"会打算"的意思)祀神的。吃过了早餐以后,大家就可以随意地出去玩耍或到各处去拜年。

• 送年尾

女人们要准备猪肉、果和饼,拿去馈赠

亲族，这叫"送年尾"。这多半在初三以后例行的。要是去年娶了新妇的人家，那岳家就有几担至几十担的糕饼送了来，这糕饼就要转送给亲戚和朋友。

• 鸡日犬日

按阳江的习俗：初一是鸡日，初二是犬日，初三是豕日，初四是羊日，初五是牛日，初六是马日，初七是人日，初八是谷日，初九是兵日，初十是贼日。因为初七是人日，所以那天人们要祀神，不许说凶恶的话语。也有不祀神的人家，可是这天早餐和晚膳要备很好的菜给大家吃。

• 开灯

凡是去年生了男孩子的人家，就要购备纸灯，在初十那天的早晨，把灯悬挂在宗祠或庙堂里。有的人家怕他生的儿子难养，就给孩子去契大树或路头，也要悬挂那纸灯，在自己家里设筵席请客人，这叫"请灯酒"，朋友们就该拿银饰物、白糖、柿饼相送贺。这就叫"开灯"。

• 燃灯

从"开灯"以后，早晚要把那灯点起来，直到十五那天才停止，也有到十六的，就把纸灯和纸宝同焚化，要把灯盏拿回来，这叫"接灯头"。这天晚上，在宗祠和庙堂的前面，燃放着炮竹、火箭、花爆，热闹得很。燃灯以后，就不是新年了。大家把新年点缀的东西收拾起来，人们就各去做本来的事业。

东莞

祀神/祭祖
贺年
开祃
开年
年初四米
补天穿
开灯
庆灯
灯头生日
结缘
年具
张贴

• 祀神/祭祖

正月初一日,多数人家先在历书上择一个吉利的时辰,祀神和祭祖。祭品,就是茶、酒、白饭、攒盒和斋菜(五碗到九碗,或共置一盒,视人家的贫富而定)、生果(五盘或一盒)、如龙(即年糕)、碌堆(即煎堆)这些果品。祭祀的程序,是先焚香,次点烛,再烧元宝,燃放串炮,供奉的果品,要到晚上才好收拾起来。中上人家的祭祀,都是灯火长明,香烟不绝,正像是上通天界,下达幽冥啊!

正午又拿芋煮的糖水丸祀神,祀完了,把水丸分给家里人们吃,叫着"富贵有缘"("芋"与"富","丸"与"缘",音相同)。

初二也要祀神,祭品除了茶、酒、生果、攒盒以外,还有糖环、炒米饼、丹青饼、冬果这一类果品,手续和初一的差不多。

十五又祀神,手续和前边说的是一样,

不过祭品要加多响丸、银钱各一封，白榄、红枣……凑成一盒子，俗称"钱银有缘"。

· 贺年

元旦在路上邂逅相见，大家都要喊声"恭喜"。客人来了，就该把攒盒请他，叫作"食大橘"。孩子们来，要拿红纸包的银币或铜币，赏给他，直到他结婚了才止，但也有婚后照旧赏给的。

· 开祃

初二那天，商店称作"开祃"，用三牲（平常三牲里用的是鲮鱼，开祃却用生鲤鱼，俗称"生理"）等东西祀土地，地主再要设宴请伙友们。

· 开年

普通人家初二叫"开年"，中午时分，也用三牲等祀神、祭祖，祭完以后，把鸡（或鸭）、猪肉年具……这些东西，送到母家和契家去探年。俗谚说"五月初五、年初二，无定寻钩挂盒箩"，就是指出嫁女子的探年、探节时所送的年具和粉果的丰富。

· 年初四米

初四是疯人求乞的日子，东莞花园岭有麻风院一所，收容的那班疯人，到初四就到各家商铺的门口，只要说一句"年初四米"，店家就会意到他是疯人来求乞的，给他一升米，多少年具，他拿了去，积少成多，那也是疯人大批的收入。后来麻风院改组为普济医院，疯人自耕自食，不许出外，因此"年初四米"的求乞者，现在也没有了。

• 补天穿

初七这天必须煎些咸或甜的如龙去祀神，十几年前，听人说这是为"补天穿"的意思，但是现在问问人，也会请教于几位老年人，都说"不知由来"了，只是习俗相沿，照例奉祀而已。

• 开灯

凡是去年生了男孩儿，照例今年必须在祖宗和神明之前点一盏纸灯，这就叫"开灯"。大概从初二到十三，任人们在这期间之内，拣一个吉利的日子，把大的八角纸灯（灯瓣里每瓣画一段故事，如仙姬送子，八仙贺寿，状元及第……），挂在宗祠和神堂的正中，两旁和大门口都挂莲花灯一对，土地、地主、灶君、井君、床头婆及街头巷尾的土地之前，都安放一盏小纸灯（内凿花纹的），等待潮水涨的时候，就奉祀神明，祀完了，由家长拿一柄小刀，在灯上剖下一瓣灯瓣，所以叫"开灯"。这天又要设宴款客，非常的热闹。外婆替第一个外孙开灯，必须办衣服一套，饰品若干，鸡一只，猪肉三斤，鸭蛋八个，腊肉两方，慈姑几斤，米一盒，酒一罂，凑成一担，在开灯的一天送去。那边就把衣服给小孩穿戴，把鸡、猪等食物煮熟祀神，祭完了，首饰衣服是全数领受了，其余的物品也都收受一大半，预备分赠亲属朋友们。回送外婆家的，照例要办些煎堆、猪肉、鸭蛋、慈姑……如果是第二、三个外孙，外婆就随便送一点，不像第一个外孙那样丰盛了。

• 庆灯

小孩子开灯以后，凡是亲友们，也要办袍料一件，猪肉、鸭蛋、慈姑……装作一担送了去，这叫"庆灯"。袍料照例是收受的，要是猪肉、鸭蛋收领了，需要另办猪肉、鸭蛋来回礼，所以有的是不肯收受，而只回些煎堆和慈姑这一类东西，省去回礼的手续。

在神明和祖先之前点的灯，从开灯一天起，早晚都要点上了灯烛，再择定一个吉利的日子，用酒馔来祀奉。这，也称是"庆灯"。

• 灯头生日

十三，就是"灯头生日"，照例也要庆灯的。这一天，凡是新娘子必须回到男家去，说是回去"接子"的。

• 结缘

十五有客来，多捧出一盆香丸来请客，叫作"结缘"。如果香丸掉下地上了，不好去拾起，俗传拾了落在地上的香丸，就是地上结了缘，恐怕寿命会因此不长。

新嫁的女人，今日也必回到夫家。在十五的前后，女家从办了香丸、年具……凑成一担子，送到男家去，叫作"结缘"。

• 年具

看人家的贫富，就有办年具的多少。可是"如龙"和"碌堆"这两样东西，是不好少的。因为俗谚有"如龙是本，碌堆是利"，所以无论贫富，谁都要有本有利，因此少不了那两件年具。自己来做的年具的名称和制法，大概如下述：

如龙 就是年糕，用糯米粉蒸成，有甜有咸，人们爱吃什么味儿，就用什么材料来配制，不过祀神用的多是用黄砂糖蒸的。

碌堆 就是煎堆，原料的成分，大约是糯米一升，白糖十两。先将糯米粉少许煮熟，再将白糖和生的、熟的米粉拌匀，做成空心的小粒，用油来炸，熟了好像是大球一般，也有做成像石榴、富贵子（即苹果）、银锭、银利……的，当作祀神的用品。

糖环 配制法和煎堆一样，用木印印成，再用油炸。油榄也是这样做的。

炒米饼 用黏米炒熟磨粉，一升米，加十两糖，再配些芝麻、花生、梅花、桂花拌匀，拿木印印成小饼，焙干了和铁石一般硬，但是入口都馨香有味。

粉片 黏米一升，糯米十分二三，用沸水冲下，加糖盐少许，以红白粉相衬，挪成卷书形，切成纸样薄，晒干炸熟，酥脆可口。

鹅肠 糯米一升，糖几两，先把粉煎熟，再将剪刀剪破中心反转，形似蛋扣炸熟，用炒米粉调匀，再加上白糖，酥脆异常。

麻葛 用黄砂糖煮炒糯米粉，熟了切成榄尖形。

雪球 用糯米粉挪匀，薄薄的像一张纸，形似月亮，炸熟，用白糖调匀，再加炒米粉。

香丸 用浸透的糯米舂粉，米一升，糖六七两，煎熟了，切粒和绿豆一般大小，以炒米或碎粉焙炒，熟时空心，比豆大一些。

- **张贴**

无论店家或住户，到了新年，一定把祖宗前供的金花，和大门口到房门口的对联、门神、横额，都要更换新的了。

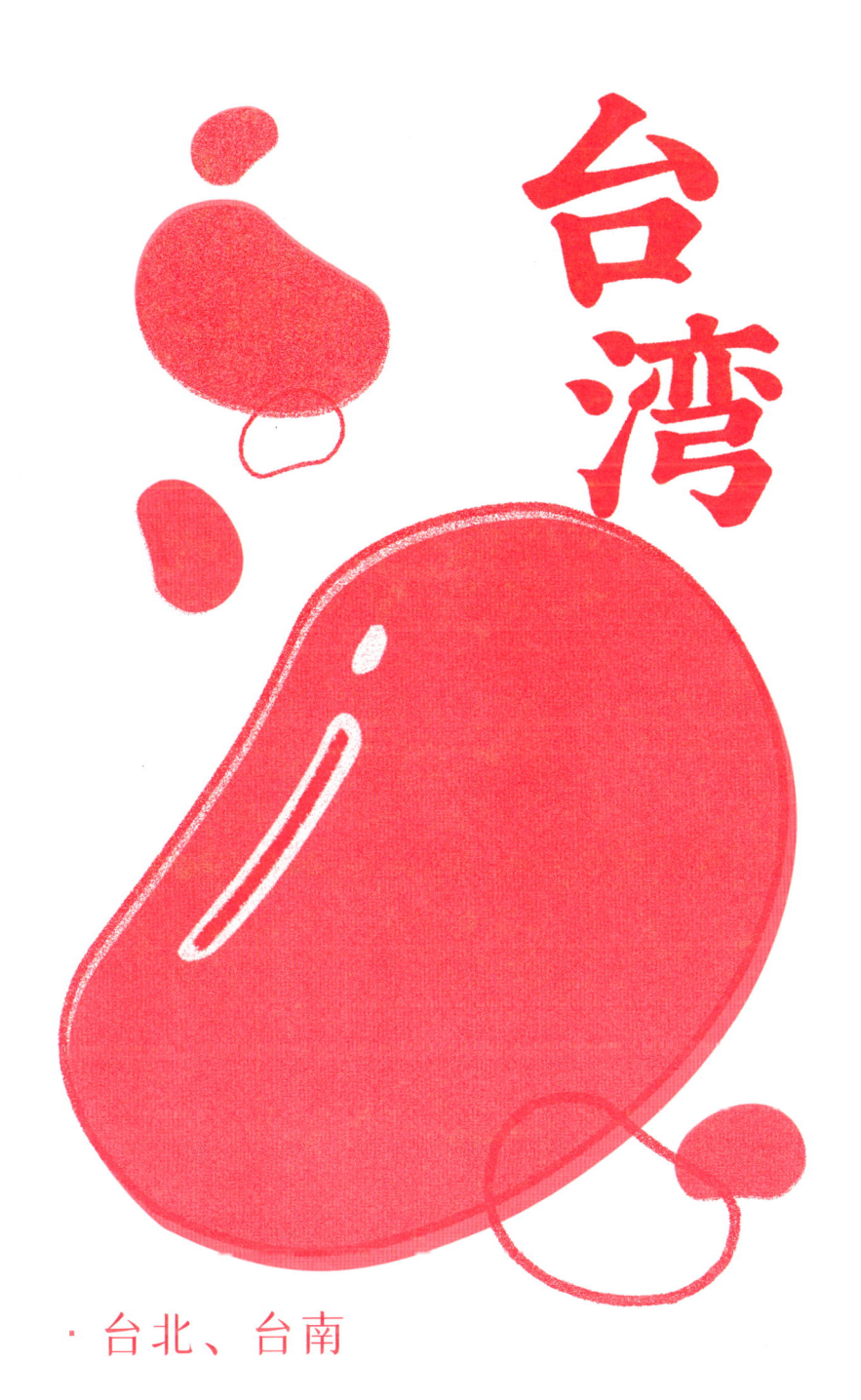

台湾

・台北、台南

台北、台南

开春 开门 拜年 迎喜神 铺陈 吃槟榔 红包 吃汤圆 祭祖 回娘家 吉祥谣 探墓厝 老鼠娶亲 接神 开张 隔开 清肥 人日 拜天公 忌 上元 迎玄坛爷 听香 求子

· 开春

　　除夕之夜的三更以后，第一件大事是祀神，红烛高照，先拜神明，再拜祖先，这叫"开春"，迎接新正，也叫"开正"。祀典供清茶及红豆等，焚称"寿金""割金"的金纸箔。

· 开门

　　除夕深夜"封门"的人家，元旦零时，要行"开门"礼。有封水井和工场的，也要行"开封"仪式，礼毕燃放鞭炮，因此爆竹声声，从后半夜开始，直到天亮，此起彼落，远近可闻。

· 拜年

　　祀神祭祖以后，幼辈向长辈拜年，按辈分长幼次第行礼。天亮后，要出门去向亲戚挚友拜年，先已准备好了红纸上印着自己姓名的拜年片，去到哪一家，放一张就走。如果大家碰到了，一边拜年，一边说吉利的话。主人还要拿出龙眼干、冬瓜糖、花生糖等请客人吃，有孩童的，相互赠送红包。

• 迎喜神

元旦早晨，有的人家要设坛迎喜神，阖家跪拜，祈求年福，然后才出门去，向着"喜神方"的吉利方向走一段路。

• 铺陈

元旦，有些人家门口挂灯结彩，大厅上首，放着八仙桌，桌面之上，放着水仙和各式鲜花。大门两边各竖立着甘蔗。

• 吃槟榔

台湾南部乡下人家，元旦就准备槟榔，客人来了，就把槟榔切开，包着老叶和一点儿石灰，送给来客。此俗现在却是少见了。

• 红包

亲友来到拜年，稍有停留，除了请吃些甜料、甜茶以外，从前通用钱币的时候，还要用红线穿几个铜钱，送给亲友带来拜年的小孩子们，吊在衣服上，叫作"结带"，后来钱币没有了，便改送红包。

- 吃汤圆

    年初一，家家户户都要吃汤圆，汤圆有红色的白色的两种，白色的比较多些，这是象征一家团圆的意思。

- 祭祖

    有些人家到了初二才祭祖，因为元旦行事较多，或怕在祭祀的时候不顺利，所以延缓到初二才祭祖。也有人家在初二，以三牲祭祀土地神的。

- 回娘家

    终年辛苦的主妇们，没有休闲的日子，到了初二便要回娘家探亲，叫"做客"，旧例要由娘家的弟妹们去迎接。去年结婚的新媳妇，这天一定要同她的丈夫同回娘家探亲，娘家要设宴招待，所以也称初二是"请子婿日"。

- 吉祥谣

    准备至亲好友来拜年，家家准备好了花生糖、煎枣、红枣、冬瓜糖、橘子等，招待来客，同时要说几句吉祥话"吃甜甜，给你生后生（男孩）""吃甜甜，给你新年大赚钱"。

- 探墓厝

    初三大家就向郊外走，有些人家带了年糕，去到先祖的坟前，得简单地祭一下就回来了，这叫"探墓厝"。

• 老鼠娶亲

初三夜里，俗信老鼠要娶亲，为了不妨碍它们行喜事，所以灯火不点到深夜，尽量熄灭就寝。

• 接神

俗信上年腊月廿四日送了灶神和其他神祇升到天庭，初四是它们返回人间的日子。所以家家户户要备五牲瓜果供神祭祀，更要烧金纸、甲马，燃放爆竹欢迎它们，这叫"接神"。

• 开张

初五为"开张"日，商家都在这一天开张应市。也有在初四那天开市的，更有在初三或初二只开一扇门，让人们来买物品的，甚至有元旦也不休息的。但是初五这天，所有店家都得开张了。

• 隔开

初五日，住家厅堂中，都要把神案上的祭祀供品撤去，招待来客，也不再用甜料、甜品，又把几天内堆积在家里的秽物，这天才可扫除，舁出门外去，称这天叫"隔开"。

• 清肥

新年不把秽物除去，"隔开"才清除积秽，初六才可以清肥。

- **人日**

　　初七俗称"人日"，又称"人生日"。这天要吃线面，祈求家人都获长寿。又用芹菜、荠菜、菠菜、青葱、大蒜等七种菜类混合煮食，可以祛除邪祟获得人口平安。

- **拜天公**

　　初九，俗信是玉皇大帝诞辰，又称"天公生"。家家备鲜果、菜碗、五牲、红龟、灯座等物，于黎明之前，向空中祭祀，行三跪九叩首礼，然后烧天公金，放鞭炮，也有大家出钱演戏敬神的。

- **禁忌**

　　新年有哪些事不好做。元旦：不可以互相吵架，打架更是禁忌。三餐膳食，不可啜稀饭。初一到初五，都不可以扫地，也不好打破瓷器等容易破碎的物件。否则，新年不利，将来就要破财或多祸祟。

- **上元**

　　十五是上元，也称元宵节，家家户户，又要点灯结彩，备具祭品敬神祀祖，燃放爆竹。晚上龙灯游街，舞狮的沿途跳跃舞弄，锣鼓鞭炮，齐声喧扰。还有乐团奏乐，寺庙之中有各式花灯、灯谜，夜市辉煌，万众欢腾。

• 迎玄坛爷

台北还有迎玄坛爷的俗行,由两个健壮的人抬着一尊玄坛神像,鸣锣游行,神像是供在椅轿之上,健汉拼命地跳,任由观众投掷爆竹,到哪一家门前,哪一家就会自动放爆竹,迎接财神玄坛爷。

• 听香

台北、台南和鹿港,元宵之夜,妇女们在厅堂求神,陈明占卜的目的,如婚姻、财运、生子等,又掷筶请示行走方向,然后循此方向走去,静听人家在说什么话,记取了再回厅堂掷筶,求神指示以哪一句话为准,占卜她所问的事,这叫"听香"。

• 求子

去年未能生育男婴的妇人,心切添丁,便在元宵的花灯之下,穿来穿去地走着,那是在祈求今年得个儿子。俗谚:"钻灯脚,生兰巴。"

江苏

- 苏州
- 淮安

苏州

开门爆竹
拜喜神
拜年钱
飞帖
撒橄榄茶
看风云
黄连头和叫鸡
欢喜团
喜神方
烧十庙香
春酒
小年朝
接路头
看参星
天生日
星宿香
点灶灯
春饼
闹元宵
迎紫姑

· 开门爆竹

岁朝开门，要放爆竹三声，是"高升三级"的意思，又说因此还可以解除瘟疫。

· 拜喜神

新年，每家都要悬挂祖宗的遗像，具香烛、茶果、粉丸、年糕这些东西，肃衣整冠，率妻子们依次瞻拜，直到上元的晚上，才祭而收藏起来。至戚互相庆贺或瞻拜尊亲遗像，这就叫作"拜喜神"。

· 拜年钱

岁朝，小辈依次向尊长叩头贺年，尊长把红纸包着银元，酬赐他们，叫"拜年钱"，又曰"压岁钱"。男儿到成婚以后，就归他的妻子受领。

- 飞帖

贺年有不是自己亲往的，而遣僮仆投贺刺于较疏的亲友，答拜者也是如此，这叫"飞帖"。现在除近邻仍旧是飞帖外，大多是由邮局寄递了。

- 橄榄茶

新年中，各茶肆在茶壶中置橄榄二颗，叫"橄榄茶"，也叫"元宝茶"。以幺妙观的三万昌最有名。这是地址适中、游人很多的关系。苏谚有"吃茶三万昌"的话。

- 看风云

农家岁朝晨起，看风和云来卜测一年田事的丰歉。占说："岁朝东北风，五禾大熟丰；岁朝西北风，大水害农功。"

- 黄连头和叫鸡

献岁乡农沿门喊卖黄连头、叫鸡的很多。黄连草村落中都有，它的苗可以吃，有特别的风味。乡农在四五月里摘取它的嫩头，用甘草汁腌着，说小孩吃了，可以解内热。（吴谷人祭酒《新年杂咏·小序》说："吹鸡，揭竿缚草，以处群鸡，鸡亦以草制，唧其荸管，巡街吹卖，其音哺哺，故又名石哺鸡。"）

- **欢喜团**

 围炉中烧巨炭基,叫欢喜团,从岁朝至元宵为止。(吴谷人《新年杂咏·小序》也说:"欢喜团杵炭屑而范之,上下合成,圆而有扁势,炭基之巨族也。除夕取以埋炉置室中,且徐徐添加芸香,发气如兰谓之欢喜过年。")

- **喜神方**

 元旦的早晨,看《时宪书》所定之喜神方是哪一方,出门就向着哪一方作揖,并且向着这一方步行几百步,说这样能一年如意。又有走财神方、福神方,也是同一用意。

- **烧十庙香**

 十庙就是郡县城隍和本里土地等神祠。男妇修行的,每在元旦黎明,都到那里烧香,所以每在出发以前,预定好了路线,这就叫"烧十庙香"。说是可以免将来堕入地狱的苦楚。回来的时候,又必须炷香在东厨司命尊神之前,叫"烧回头香"。

- **春酒**

 元旦以后,亲戚朋友相互邀饮,到十五才止,是叫"春酒",又称"年酒",又名"路头酒"。都是以它的性质的不同,而定名的。

- **小年朝**

  正月初三是小年朝，不扫地，不乞火，与岁朝一般。

- **接路头**

  正月五日是五路神的诞辰。金锣爆竹，牲醴毕陈，算盘、银锭、天平这些东西，也供在桌面上，一旁放置刀一把，上面撮一些盐，谐音叫"现到手"。人家都以争先为利市，迟了恐给他家迎了去，所以必须早起迎接，今则更有隔夕来迎接的。吴人叫作"抢路头"。

- **看参星**

  正月初八日黄昏看参星，占一年的水旱。谚云："参星参在月背上，鲤鱼跳在镬盖上；参星参在月口里，种田种在石臼里。"还有以这天参星的隐现，卜上元日的雨。谚云："上八不见星，月午不见华灯。"

- **天生日**

  正月初九日是玉皇的诞辰。玄妙观道士设道场在三清殿，名曰"齐天"。酬愿的人都骈集起来，也有到穹隆山上真观进香的，叫"烧天香"。

- **星宿香**

  从元旦起，每户进香，玄妙观三清殿里供奉的六十星宿像,下书六十花甲子的干支,烧香的就他家里的人的生年干支,焚了香,向着主管星宿座之跪拜,这叫"烧星宿香"。

• 点灶灯

正月十三的晚上,悬灯厨下,到十八夜为止,悬点五夜。十三日是试灯,十八日是落灯,这就叫灯节。

• 春饼

春前的一月,市上已经插标叫卖春饼,人们买来相互地馈赠。

• 闹元宵

元宵前后,每家以锣、鼓、铙、钹敲击成调,叫敲"闹元宵"。有七五三、跳加官、两夹雪、急急风、水底翻……这些乐调,人们都三四成群,各人使一乐器,儿童们围绕着进行,边行边击,满街闹得非常热闹,俗喊"走马锣鼓"。

• 迎紫姑

望日的晚上迎紫姑。俗称紫姑叫"坑三姑娘"。问她一年之中的休咎,这多般是闺女的雅事。还有迎笞帚姑、针姑、群姑,卜问一岁的吉凶的,又名百草灵。

淮安

元旦日，又叫作"大年初一"。慎重当然不要说，这天，人们起身特别早，起来看见人们，要说一声"恭喜"，还有说"恭喜你老大发大旺""恭喜你老万事如意""恭喜你老发财如意"，以及养儿子，娶媳妇，添孙子……各人所喜所要的事物，受贺的人也照样回答一声或改变一下。

在未吃别的食物以前，先要喝莲子茶、枣子茶。如果有客人来到，也要请人喝茶，并且拿桌盒或盘子中的糖、瓜子、枣子、糕……请客吃，附带地说"甜甜蜜蜜（糖）""步步高升（糕）""早子早子"和"早生贵子（枣子）"的。

- ### 接天地

是元旦第一件要事，和除夕的辞岁差不多。中设桌子一张，临空，上面放两张椅子，桌子前面挂红的桌帷，桌上外口放香、炉、蜡烛台，里面摆五双筷，五只碗，五只酒杯。

接天地
下汤圆
出行
拜年
装新
禁忌
发利市
谢糕
接饭
送元宝鱼
五马日
财神酒
掷骰子
掷状元筹
八十四
九张棍
打诗谜
幺四宝
掷碗／摇碗
敲锣鼓
玩龙灯
玩花船

在天井中央放铁火盆一个，上架木柴十数段，叠成井字形，两旁各放芦柴两把，木柴上面再放些松枝。"挂当"（红绵纸做的，长方形，上有雕空的花）几张，纸锞几挂，这叫作"元宝盆"。由家长主持，仆人们燃点香、烛，斟满酒，捧上热三牲——猪头一个，猪蹄四只，公鸡一只，鲤鱼一尾。猪头在中，蹄子在头的两边，鸡在左，鱼在右，另有葱数棵，分两组用红纸条把上下头略裹，也摆在两旁。这些盛在一个长方形的木质"捧盘"中，放在桌上，家长用火剪夹着花皮，燃着向四周燃燎一次，再用它把元宝盆燃着，然后把花皮送出大门外，这时候就是开大门的时候了。

• 下汤圆

接天地之后，就应下汤圆吃了。下汤圆时，惯做金色的梦的人们有一种传说：每年天下各处定有一家（条件是如有好心做好事的）被财神光顾，汤圆会变成金子的。人们发觉在已变未变时，但不可喊，否则变不成了。唯一的方法，是放下一点金子，各妇人们的簪环之类。汤圆在这天又叫喜欢团子，无论多少总要吃一点，吃是蘸糖的。这天吃的多少也和天气冷暖等同为谈话资料通行着。

- 出行

历书是有支配人们行动的威权，人们早查过历书，本日是否宜于出行，假使是宜于出行，那再查喜神的方向是哪一边，便决定出门向哪一方去（或是专为迎喜神，也许出外去游玩或拜年）。如果不宜出行，也可到第二天才出去——妇女们居多。然而妇女们在初次的出门，尤其是和孩子们一道出去的，定要在"宜出行"的那天。出行时一定要向茶食铺，买几个铜圆的糕和糖，用红棉纸包好，叫作"状元糕""元宝糖"或"长寿糖"。人家的用账上，元旦定有这两笔的东西，虽然在最前面还有"黄金万两"或"年年有余"等字样。

- 拜年

拜年就是叩头的演礼，这不用说，拜年虽不在元旦日，但由元旦日开始，普通到初五、六可完成了，未满孝的人和商店的伙计，非到初五以后不可。拜年可分"散名片"及"亲自到门"两种。散名片，大多数是对于一般的亲友，其他的都是由仆人分散。亲自拜年的，大都是对于自己本家和极要好的朋友，到人家拜年。对于长辈叩头，作揖各一，平辈互相叩头作揖，家中的孩子们对于长辈的来客，也该叩头。自亲如外孙、女婿之类，对于外祖、岳家的祖宗影像，也和在家一样，要头袋三枚，主人陪着。款客是用枣子、莲子茶，至少是茶、桌盒或盘子，或者还要留他吃点心，四、六、八样，更有留着吃饭的，对于第一年的新女婿更要如此。新婚到岳家大半是初二、三日，同时"谢糕"（见下文）。大一点的孩子们，也要出外拜年，但只是亲戚家而已，妇女们除了为吃春酒，回母家以外，而专到别家拜年的很少。近来，上述的两种拜年都冷淡了，尤其是前者。

· 装新

这天，孩子们和大人们都穿戴新的衣帽，似乎"装新"的样子。

· 禁忌

这天不可打破什么物，不可骂人。吃点心时，第一个要吃馒首，谓可发旺，因为它是"发面"做的。元旦遇见棺材，并不是件不祥的事，认为可以发财，叫作"出门见财"（"材""财"同音）。这天不可扫地——即使扫也只扫在一处——否则财被扫去。各种污水也不可泼在地面，盛在一只大木桶内，原因不详。又从元旦起，每日夜间房中脚炉烧炭基子数枚，直到初六日为止。初七日是人日，不好动剪、刀、针。

· 发利市

初一至初五，这几天是新年中除了元旦以外的重要日子，几至全在赌博和拜年中。

初二这天，凡是母家必请女儿（尤其是嫁后第一个新年）和孩子们过一天，所谓"请姑太太姑奶奶"，又叫作"发利市"。

• 谢糕

在结婚日，女家的亲戚及本家送女家糕茶钱数百文。本来是直接送糕茶的，后来以钱代替，这似乎可以推测外来，只凭"代糕茶"名字上着想。女家把这钱送到男家，到了结婚后第一个新年要到送糕茶的人家谢糕。在腊月底由男家将结婚时女家所送来的"糕茶目"送到女家，请他对送者开列称呼，然后拿回。男家用红四页，柬若干份照开的写。在第二页贴岳父或岳家家长，大红名片一张，第三页写"×婿（如外甥婿等）顿首拜"字样，又在第一页的签的上端贴一个"小耳签"，写"某某老爷"或"先生"，又第一页写一个"正"字。

谢糕时由妻舅率领，举动和拜年一样，另由男仆夹红毡条一条跟着走，其中也并非家家必去，关系较远的只散散帖子而已。谢毕回岳家午饭，日期大半由初二起至初四、五日。

• 接饭

初三日大半都接饭了，也有早在元旦，迟到初五。在未接饭之先，吃除夕日所预备的饭，中饭都下锅温一下，晚间吃汤烫饭，或水煮饭（大半在初五以内粥是不煮的）。接饭就是煮新饭，煮好之后，先请祖先尝新，在祖先神龛及影像前每位一碗（置着筷子）。每碗饭上放红挂当一张，插小松枝一根，供菜是：白菜豆腐和鲫鱼汤两样，供时阖家男子叩头（中间两份，上下首各一份，影像前每位各一份）。

• 送元宝鱼

初三、四有一班到每家送鲫鱼的人，叫作"送元宝鱼"，都不能收受，赏钱若干便算。

• 五马日

初五叫作"五马日"，祭神、祖，也和元旦一样，磕头、供汤圆更不可免。就在这一天，人们又吃汤圆一顿（大半是初四晚搓好）。

• 财神酒

这天，商店格外重要，因此日又叫作"财神日"。敬财神和人家一样，各店都设有一纸财神像（钱店有泥像的），焚点香烛。敬过神之后，有一顿饭，叫作"财神酒"，吃财神酒是店家对于学徒们去留唯一的日期，留的有饭的，否则当然没有，在先几日得了消息，先走了，以免当时不下去（台）。

过了初五，新年的高潮已过去了。

• 掷骰子

成人们的赌博，当然不但是在新年中有，平时也未尝没有，然而在新年中特别盛旺。在赌之中，最普遍的是麻雀，其次是牌九、扑克，这是大家都知道的，现在说掷骰子。骰子又叫作"猴子"，是用六粒骰子和一只大碗。分两种赌法：一是"赶羊"，赌者出钱不拘多少，互相比赛点的大小，以定胜负，赌这种的很少。二是"称羊"，和前者赌法相同，胜负是：六只骰子要有三只点数一样的，另三只加起来的点数是多少，由十点起，以下算输，十一点和十一点以上就是胜利了。如其中一只和那三只一样，无关。凡掷不出三个相同的一组不算，再重掷。五个一样叫"五子"，是胜。六个一样叫"全×"（如"全幺""全二"……），是胜。六只中有两组三个相同叫"粉香"，算胜。

• 掷状元筹

用骨头做成筹子，分状元、榜眼、探花、进士、举人、秀才，也是用六只骰子掷，两人或三人赌，有红点子的就拿，一个拿秀才，六个拿状元，其余类推。拿到状元之后，一局就完了。近来这个东西已几乎绝迹了。上述两种，唯有在新年中才有，间亦有孩子们在玩。

• 八十四

与赌牌九的骨牌一样，但每种是四张，共计八十四张，所以叫作"八十四"。有五种赌法：

（一）"十和"

共四人赌，但由三家轮流赌，一人做梦，每人二十张，头家廿一张,分"荤括"(如∷∷וּ)、"素括"(如ׅוו∷ וו),每括算若干"和"(有多有少),有十和即成牌,梦家依成牌的大小拿梦钱。

(二)"打关"

又叫"闯关",赌法不详,但大致和(一)相似。

(三)"十五张"

只要有五个括子(不论荤素)就成牌,不计"和"数。四人赌,每家十五张,头家十六张。

(四)"大对子"

只要有对子,不论两数或三张同样的牌都可,手中只剩一张单头时即成。四人赌,每家十五张,庄家十六张。

(五)"小对子"

又叫"五对半",每家十张,庄家十一张,有五对半(每对两张)即和。

(一)大半是男子赌的,(二)(三)(四)(五)大半是女人赌的,间亦有孩子们玩。

• **九张棍**

和麻雀相同,是纸牌,有"万""索""筒",无"凤""中""发""白",共计一百另八张,凡有三括及索一张即和。另有"财神"一张,什么都可算。此外又有福、禄、寿、喜等牌皆拿去不用,这都是女人们赌的,近来已少见。

- **打诗谜**

这并非是文人的赌博,而都是在街上(在家中设诗谜摊子的也有,但很少,并且是比较的大赌),赌的人只要压一二三四五即可,都是被认为下等人赌的。

- **幺四宝**

这是无业者以此敛钱的,赌客也是所谓下流人。做宝的坐在墙边小凳上,用一面筛子放在膝上,筛内放大骰子一只,骰上只有幺、四或幺、六两面,有小竹盒子套着,另有"幺、四"或"幺、六"的图一张,给人压。赌时非幺即四或六,他先把上面给人家看(如上为幺,另一面一定是四或六),人们就压,然后用竹盒套上,做宝的膝头一动,开外来的已非四或六了,所以赌客都输啦。做宝的人先串通人去打,每打必胜,别人如果也去压,当然大上其当了。有的骰子一面是幺,另一面是六,所以又叫作"幺六宝"。

- **掷碗／摇碗**

掷碗是由挑碗担子的(其中不一定限于碗碟之类,也有玻璃的杯缸、化妆品和孩子们的玩具),挑着担子到沿街或人家去掷。先讲明某物掷若干文一把,然后再掷。分两种掷法:

(一)"七巧"

用碗一只,骰子七枚,小铜钱二十五六文做筹了。每次依照掷出骰子中某个点子,相同最多的算,如掷出五个"六",

挑碗担的丢五个筹子下来，如此七次算一把，一把要把筹子丢完或超过为胜。照所掷的把数多少，出若干钱得所掷的某物一个。如输的次数太多，胜一把可抵去十把，然后再掷。

（二）"回咙顺子"

赌具和"七巧"相同，但骰子只有六只。每次依照次序，由挑碗担子的喊，如"二"起直到"六"，然后再回头由"幺"起直到"五"为止，掷"幺"时要"幺"多，其余类推。掷到"幺"而掷出的有几个"幺"，就丢下几个筹子，如此十次将筹子丢完为胜。这由正月初起直到月底方才绝迹。

摇碗是在热闹的街上摆一个碗摊子，大都是些粗碗。两三个铜圆一摇，先拿一根竹签子，上面有和骨牌一样的点数，如天牌、地牌等，然后再摇。用一个碗碟，内放骰子二枚，摇到和所拿的签子一样算胜。这是由元旦起至初五为止的。也是下流人赌得多，但时常被禁止，认为这是容易闹事的东西，近来也很少见了。

• 敲锣鼓

成人们的娱乐，除了赌以外是微乎其微的，玩的方面几乎无可说，但也有几项是非说不可的，如敲锣鼓。从除夕到正月初五、六，沿街敲锣鼓的很多，叫作"踩街"。十五六、廿六、二月二也有，大都是孩子们及流氓敲的。有的两班相遇而比赛、吵闹、打骂等事发生也有。孩子们在家中敲的当然无此现象。锣鼓叫作"锣鼓家伙"，内是：大锣一，捶一，鼓一，捶二；大铛锣一，板一，小铛锣一，板一；钹子两面。另外的有一个土制铁皮喇叭。所敲的调子是："嗒嗒嗒，嗒嗒嗒，呛……"

• **玩龙灯**

龙灯是竹篾扎成若干框，然后连成，上面用白布裹着，再用蓝色画成龙鳞，另外加上龙的头尾。中间是空的，可以点烛，再用竹竿七八根绑着龙，以便高举，另制红球一个，也用竹竿绑着。玩时在晚上，玩的人高举着龙，另一人举球在前面，里面都点着蜡烛，还有一班敲锣鼓的跟着走。如此地游行在热闹的街市。人家放一挂鞭，就可以玩一次，也有不放挂鞭而玩的。方式是打遭（转身）、龙抢球之类，人家给茶食数包或银钱数角至一元不等。

• **玩花船**

用纸扎花船一只，一人饰女子在船中，脚下地，两手提着船走，另一人（或二人）饰小丑在船外划船。也是在晚间点着灯烛来玩，玩时唱几个小调子，而船和划船的忽前忽后的数次而已，玩时也和玩龙灯一样。这两种东西也是所谓下流人干的，时间长的可以延长到一二十天。

• **放焰火**

焰火分文武两种，都是扮演一两则故事，武的内中夹有一些爆竹。这大半晚间在广场上架起木头架子放，由玩者向鞭炮店购买。新年中的鞭炮、花筒、天地响、斜火等也很有人燃放。

- 请春卮

又叫请春酒。照例每年每家都要请亲朋一次，名为吃酒，实则是打牌。在妇女们更是一个重大的典礼，除了吃酒、打牌以外，更要给主家喜钱（普遍五百或一千文，主家回一半或五分之二），给孩子们及仆人的叩头钱（不专限于对主家，客人们也互相如此）等麻烦事。同时主人对客人的孩子、仆人也是如此。又有现糕（鸡蛋糕）、粽子或茶食两包，也有用茶食店的糕饼票子给客人们，叫作"怠慢礼"亦名"压桥盒"（这些不限于请春酒，妇女们普遍的应酬，几乎都是如此，除了给叩头钱以外）。妇女们每年初次出外，晚上回家时也吃枣子茶或莲子茶。

- 玩具

孩子们也和成人们一样可分玩和赌两个部分。玩的方面有各种玩具，新年中各种玩具比平时来得多，尤其是由元旦至初十左右，街上的出售玩具摊多得很。玩具中最普遍的有：氢气球、鬼脸子（假面具）、木刀、洋铁枪、假手枪、假眼镜、的的晶子（薄玻璃制成）、万花筒、活动画片、扳不倒（不倒翁）、打鼓人子等，又有洋图图和洋货铺所出售的玩具。

最有时间性的是花灯，其中有大小金鱼灯、大小荷花灯、瓜蝶灯、龙灯、马灯、球灯、兔子灯等。每晚孩子们必定点起灯来，如果有马灯还要扣在身上，兔子灯拖着走，龙灯、球灯要高举着。

花子也是孩子们新年中玩具。花子有：白果花子、嗤花子、电光花子，都是晚上燃放的。天地响、斜火、爆竹也是他们时常燃放的。

孩子们在新年中购买很多的玩具，因为他们有很多的压岁钱。

• 比点子

孩子们赌的方面有"比点子"，用骰子两只在桌上掷，人数多少不定，每人各出铜圆一枚做公款，掷出七点加一个，八点拿回一个，九点把公款完全拿去，其余的点子完全不算。这有一个歌诀："七点添一个，八点拿一个，九点揣大锅。"

• 撑船

是用三十二张骨牌一副，二人或三人赌，每家拿十六或二十张牌，牌面向下，依先后次序出牌，遇有对子拿回去（对近的对子也同拿），或者凡有对子都拿，不管是否在两端，最后照拿的对子多少定输赢。

- 接龙

也是用骨牌玩的。把三十二张中拿去不好接头的八张，二人或三人赌，每家十二张或八张，牌直立，先由头家出一张，别家照可以接头的点子出，如头家出的是地牌，凡是"幺"的头子都可以出。在手里的牌出完叫作"净手"，为胜，否则算输。如没有接头的牌可出就跪下一张。各人将出不完及跪下的两下再比较，点数少的赢，多的输。

- 掷小谣儿

这是一张图，上有各种花、人物、鼓等，呈螺旋式，每种都是两个。用两只骰子掷，数骰子的点数，数到什么地方就用铜圆压在另一个同样的东西上面，如数到内面的鼓就压在外面的鼓上，然后再依次序重复地掷，内面的可以外来，外来的又可内去，第一个掷进到最后的一个图为赢。

- 升官图

升官图也是一个图，上面是从前的科举等级的名字及官名，也呈螺旋式，另有木头转子一个，四面有四个不同的字，转到什么字，依照本位上字升或降，也是直转到最后的一个为胜，玩的人数多少不拘。其他的赌如推牌九、小对子等，孩子们也是常赌的。孩子们赌时固然有假的，但真赌钱的也不少，因而打、闹、哭、骂，也是常见的。

• 送灯子

初六日,又叫"六子夜"(十六、二十六也叫"六子夜"),凡是人家无子女的,亲戚朋友凑合在这天晚上共送灯子,谓如此可得子。灯子有的是纸的,也有用琉璃的"麒麟送子灯"(现在还有送电筒的),送时在街上走一趟,在灯子前面有锣鼓家伙和若干对红绿的高挑的纸灯子,沿途放爆竹、斜火、天地响,讲究的用出会的亭子抬灯子,前面有大锣、牌灯、灯笼、火把等,和赛会相似。也有送《张仙送子图》代替灯子。送灯子的要预防人家抢灯子,如果用亭子的,必定要绑牢。还有另一种抢法:是用一个小铜钱或一根红丝线,放在地上,等灯子跨过后,把这钱或线放在想生子女的床上即可(做这事的限于男童)。因而送灯子的前面有两人拿火把,两人拿大扫帚在街上走着扫着,以免被人抢去。到了被送的门口由一个男孩拿下挂在被送者的床上,一面口中说喜话,戏谑或猥亵的话,在这时也是必然的产生。主家请客吃晚饭,又给拿灯子的孩子多少钱。除了初六以外,"中六子夜"(十六)、"老六子夜"(廿六)、二月二,也是送灯子的日期,尤以二十六及二月初二为最多。

这天各家商店方才开门,在三个"六子夜"里,人家的守岁烛及神像、祖先龛子、影像面前的烛都大点特点了。

• 占年成

初七、八的晚上,看天上七星在月亮旁边哪一方,以占一年凶吉，有一句农谚说"七定，八看，九穿星"，意思是：初七七星的位置方定，初八看，初九就没有了。凶吉的决定是："上角多风雨，下角广种田，月口刀兵动，月后是荒年。"

• 元宵

这天早上的贺喜、供汤圆、烧香、叩头，也像元旦、初五一般，不过人们的兴趣稍减而已。人们又吃汤圆一次。

• 开始工作

过了十五以后一切事业又重新开始工作，恢复了除夕以前的状态。商店在十六日下半边门，家中的祖先遗像也在这天收起，私塾书馆也在十六、十八或二十日开学了。

• 带活猴

二月初二，人都请姑太太姑奶奶们——尤其是新嫁后的第一年——过一天，叫作"带活猴"。有一曲流行的歌谣："二月二，龙抬头，家家户户带活猴。"

新年点剩的蜡烛，在这天晚上点完（或留一些到端午午时燃点，遍照屋内，如此夏日可以无蚊虫）。大灯子和孩子们玩的灯，都在今天晚上烧掉，叫作"燎灯子"。这天商店门窗全下，从此以后，新年真的完结了。

浙江

- 宁波
- 湖州
- 绍兴

宁波

接春 开门炮 礼拜 拜岁 吃汤团 闭门炮 弥勒诞 禁忌 停业 财神诞 八寺香 占年成 卜菅箕 供茶果 走桥 赶蛇虫 占乌贼 照五谷 调龙灯 三官诞 门神诞 祭祖 收像

・接春

　　立春的早晨，有用牲酒爆竹祭神的，叫作"接春"。这虽非家家如此，但是大多数人这天对于安放碗盏，做事说话，都要小心，以为这天倘若打碎了碗盏，或是动作和言语有不吉利的，那么这一年都要不吉利。

・开门炮

　　元旦早晨起身，先放三个爆仗，叫作"开门炮"。

・礼拜

　　神佛和祖先像前，都点着香烛，供着汤团、糕饼、水果之类，家人们依次礼拜，也有祖先借供在祠堂里的，那就同到祠堂去行礼。

・拜岁

　　拜过了神像和祖先像，然后向尊长拜岁，尊长例须给拜岁钱，然后再平辈互拜。

- **吃汤团**

　　拜岁过了，大家吃汤团，取团圆的意思，也有先吃后拜的，也有不吃汤团，而吃豆粥的。

- **闭门炮**

　　元旦关门的时候，再放一次爆仗，叫作"闭门炮"。

- **弥勒诞**

　　初一是弥勒佛的诞日，女人们很多到庙里去烧香，也有在除夕那天就到庙里去念佛守岁的，还有人家在这天全天吃素的。

- **禁忌**

　　这一天不拿针剪，不动刀秤，不扫地。晚上不点灯，说夏天的蚊子会减少。

- **停业**

　　各商店从初一起，停止营业，到初五那天才开门。在新年这几天里，大家都到亲戚家里去拜年。

- **财神诞**

　　初五这天，各商家都虔备牲礼，供请财神。住家举行的很少。

- 八寺香

　　初八那天烧香，要到八处寺院，以为能使来生八字好。

- 占年成

　　乡民以初八、十八、廿八三天的晴雨，预测年成。占云："头八晴，好年成。二八晴，好虫成。三八晴，好收成。"

- 卜筲箕

　　从十一到十四这几天里，妇女们有请筲箕姑娘的，用筲箕兜绉纱，插一支筷子，两个小姑娘抬着，可以卜问命运，以筷点桌，得双数就是吉兆。

- 供茶果

　　十三上灯节这天起，用茶果香烛……供灶和供祖先，直到十八那天才止。

- 走桥

　　十四，有拿了七支香，走七座桥，以为将来到阴世可以免走奈何桥。

- 赶蛇虫

　　有些人家拿竹竿从厨间赶到房里，又从房里赶出门外，叫作"赶蛇虫"。说这样一来，可以使蛇虫老鼠等类的东西，不再出现。

- 占乌贼

　　渔人看十四晚上的阴晴,来占本年乌贼的多少。占云:"正月十四夜暗,乌贼爬上岸;正月十四夜亮,乌贼装装样。"

- 照五谷

　　元宵晚上拿着灯烛,从大门起一直到家里各处,以为可以驱逐蛇虫,照进财物来的。这和赶蛇虫差不多。

- 调龙灯

　　元宵晚上,在乡间有调龙灯的。

- 三官诞

　　十五又是三官菩萨诞,女人们有些要去烧香的。

- 门神诞

　　十六日门神诞也有人设斋供门神的。

- 祭祖

　　十八这天,祭祀祖先,也有请亲戚吃饭的。

- 收像

　　祖先的像,到十八就依例收藏起来。新年,到今天也告结束了。

湖州

神上天 天生日
走喜神方 求财
拜年 禁忌
节节高 节酒
请年 安灶
放风筝
请芦姑
接五路
人口团子
玉皇生日
灯市
压蚕
烧田蚕
收灯

- **神上天**

  天刚微明的时候，要陈设天圆地方糕、顺风团、净水……接天。送神上天，应该燃放爆竹，大家分食顺风团。

- **天生日**

  初一又是天菩萨的生诞，大家吃面代饭、庆祝神寿绵绵的意思。

- **走喜神方**

  查明喜神方是哪一方，人们向着那一方行去，叫作"走喜神方"。

- **求财**

  今天要敬具香烛等物，到南教场财神庙去敬香，祈求一年中财源的发达。

- **拜年**

　　祖先的像前也供奉糕果，家长们率领子侄辈叩祖像以后，男女一家人次第叩拜家长，家长对十六岁以下的子侄辈要给些压岁钱。那时再要到亲友的家去"拜年"，也叫"拜节"，有的只投一张红色名片，往往各不相见。

- **禁忌**

　　元旦禁忌的事情：第一件是不该扫地，说扫了怕要把家私扫穷。第二件是禁止用汤淘饭，行了，说你出门的时候，天就下雨。

- **节节高**

　　檐前插芝麻梗是今天该做的事情，有时候是用芦梗裹红纸代芝麻梗，插在瓶中央。也有用大竹两株，不要砍去小枝，对倚在檐前。也有用甘蔗两枝，剪成梯形的红纸，贴在甘蔗的上面，再用红纸缚着。这些都是取"节节高"的意思。更有在柏枝上插上大的橘子的，说是"百事大吉"的意思。

- **请年酒**

　　街上商店都停了业。游人们来来往往，都穿着得焕然一新。鸣钲击鼓，谁都现出快乐的神情。从今天起亲友们各备了酒肴，互相邀请，就有几天"请年酒"的酬酢。

- 安灶

　　初三日是"小年朝"。去年上天的灶神,今天要把他供奉在灶上的神龛里,叫作"安灶"。

- 放风筝

　　立春请吃春饼,孩子们大家出去放风筝。

- 请芦姑

　　妇女们拿芦梗相夹去请芦姑、厕姑,占卜一年中的休咎怎样。

- 接五路

　　初五日是五路财神的生诞,五更的时候就供着牲礼奉祀他,叫作"接五路"。据说财神的下体是裸着,祭他的时候不能太长久,为的怕财神羞耻。商店今天也设宴,叫作"吃路头酒",辞留伙友,就在今天决定了。

- 人口团子

　　初七日是人日,叫作"人口生日"。除夕供着各处的年饭都收回了,大家都吃人口团子。

- 玉皇生日

　　初九日是玉皇生日,人家要烧香。

- 灯市

十三日，街头巷尾张悬着灯谜，扎成龙象狮马形的彩灯，游行街上。

- 压蜃

十五日是上元天官赐福的日子，人们多持斋举会，筛粉做成"灯圆"，大家都喝"元宵酒"。元宵前后，咚咚的鼓声，闹着不停，据说是在"压蜃"。湖州有压蜃的传说：江子汇这地方，从前有蜃是蛰伏在那里的，有时它起来了，百姓就感到极大的不便。那时葛仙翁知道了，就叫百姓们鸣鼓，压服这蜃的怪物，鼓击咚咚地敲着，好像是喊着："葛公在！葛公在！"那蜃就永远地被压服了。现在民间打鼓，又多杂着敲钲和钹，叫作"元宵锣鼓"。

- 烧田蚕

湖州的乡下菱湖，那天的纸灯，精巧玲珑，大家在上元桥上竞赏着。金鼓咚咚地敲着，流星花爆在空中燃放，人们念着赞词，据说这叫"烧田蚕"，是"祈年"的俗行。

- 收灯

十八日是收灯的日子，而且祖先的遗像也该在这天撤下珍藏好。

绍兴

行动 吃食 嬉戏玩意 张贴预兆 禁忌丐娱

• 行动

这天的行动，有如下的各种：

走喜神方 在昨天除夕以前，人们都明白了元旦的"喜神方"是在哪一边，多在温暖的窝里就计划着，今天先走哪里，才合喜神之方。起了床，做过例行的事，就向"喜神方"走去，或在一起床之后，就走"喜神方"。这样一来，便会一年中喜神照头，多逢喜事了。

拜神 首先要拜的是灶神，因为他去上天奏好事，今天回来了，一家之长便是他。第二是拜昨天"除夕"接来的"天地之神"，以后就是拜"神财"及其他一切神祇。都含有"拜谒"和"叩岁"的意义。

谒祖 接祖要到宗祠去，要是没有宗祠的，那就在祖先堂前叩谒。如果是去年刚娶来的新妇，那她就是必须到达的，大家向左昭右穆一派宗亲，先左后右，行跪拜礼。谒完了各处供奉着的牌位神主，从宗祠内退出，有的是分给饼、钱或馒头。

拜像 "谒祖"是向不分远近的祖宗磕头下拜,"拜像"却略有宗系比较亲近的限制——就是向着一房或一家的祖宗的遗像三跪九叩首、三跪四拜。

叩岁 这是辈分较小的向着生存着的辈分较大的年长的人拜新年的礼节。幼者要跪下叩头三响,长者只需俯首揽臂道好,不过客气一点的长辈,他就跟着跪下,还要送红纸小包的拜岁钱几角或几元,叫小辈去自买玩具或食物。

贺年 分发贺年片是一种,躬亲揖贺也是一种。商铺来往多用贺年片,是用红色的纸片,印上黑色的店号或经理的姓名,投送到和他有交易的人家或商铺。收受的店家,多在他们的门上,贴着角形的小袋,上写"代柬"两个字,承受送来的纸片。现在的贺年片,大多是应用五彩精印了,投送也多从邮局寄递。躬亲揖贺,是平辈的贺年礼节,两方除一揖之外,没有物品的馈赠。

团拜 "团拜"的礼节,是一族或一家人众,相向立作四方或圆形,相向跪拜,合行贺年的礼节。

赶鸡睡 这怕是"赶紧睡"的转音。它的意义,就是要赶早把豢养的鸡雏,赶进鸡埘,自己也该早点去睡觉。

- **吃食**

元旦的食物,比平常精美而丰富得多。

汤圆 元旦的早餐,不吃饭或粥的,吃的是供奉神祇和祖先的汤圆，这含有"团团圆圆"的意义。

清茶 平日招待客人，普通多用泡好了倒来的茶，元旦那是用"茶碗茶"，是冲泡在碗里的，有的更添上橄榄、金橘这些东西，表示元旦款客人，是特别的优待。

莲子茶 除了请茶，还有莲子茶，这是新年款客的必需品，只要有客来拜年，或我们出去叩岁，就要用到这莲子甜茶（家境穷苦，不在此列）。茶里加有红枣，盛在小巧雅致的瓷杯里，插着一只小巧的茶匙，捧给客人们享用。

攒盒 攒盒有九格、七格、五格、整个的、分品的几种。格子多的，装着"枝"（荔枝）、"圆"（桂圆）、"桃"（胡桃）、"枣"（枣子）、瓜子、花生、糕饼、水果，供奉在祖先的像前；格子少的，只糕饼、水果和瓜子、花生，专待客到相款，但也有把祖宗像前供奉的移来请客。人们不能吃"枝圆桃枣"，糕饼是可以拿来吃，瓜子花生，更好随意吃。

- **嬉戏**

元旦的嬉戏，多半含有赌胜的意味。

拨糖菩萨 小贩用一方包贴白纸的圆板，上面又贴着狭的红绿纸条（像太阳的光芒），写"状元""解元""会元""进士"和"举人"，红绿条子中间，摆着糖制的模印的大鱼、小兔、财神、魁星、寿星、麻姑、东方朔偷桃和一团和气……白条子都写着"秀才"。板的正中，立一根直柱，柱上置一条可以转动的竹条，一端挂一支线引一枚针，一端就任人们拨着转动。针尖停在较阔的白条"秀才"上,那只得小糖一片;停在"状元""解元"……便可得到糖制的人物,但每次必先付钱一文,才准拨转一次(现在怕要铜圆一只了)。拨到"秀才"是最多的事,到"举人"的纸条比较"状元""解元"阔一些,但也不是很容易的。绍兴有句谚语:"秀才甜一甜,举人买价钱。"意思就是拨到"秀才"这纸条上,有糖一小片,只是甜一甜嘴而已,你要拨到"举人",那是非多次不可,你想得糖鸡、糖鱼,非几次地付钱去拨,才有希望,所以待你得到,已等于出了买的价钱呢。

摸糖 这或许是从"拨糖菩萨"转变而来的嬉戏。它赌胜的器具,并不是用针来转指,而是一只布袋,袋儿里盛了许多的竹片,写"头奖""贰奖""叁奖"……或糖几块。你去摸的时候,先付铜圆一枚,伸手进袋,看摸出的竹片书写的是什么,但最少也得送糖一片给你甜嘴。摸到糖块多的,那可换得彩色的糖字,或糖物。"拨糖菩萨"是一种明的赌胜,"摸糖"是暗的赌胜,往往小贩把头贰叁奖竹片,秘而不藏在袋里,那大小孩们就要和他争噪,有把糖担打夫了的。

掷豆红 新年吃的,除瓜了花生以外,还有炒豆,孩子们就把这豆儿拿来赌胜。它的方法是:各出豆几粒,用指甲剥去豆的一面壳儿,决定先后,拿在手里掷去,有几颗去壳的豆面向上的那就归掷的捡回,这样依次掷取,到豆儿完了才止。

擂王 这是有金钱出入的嬉戏法。在平坦的地面,画一形如下:

```
    王
  ┌─────┐
  │ 小王 │
  └─────┘
```

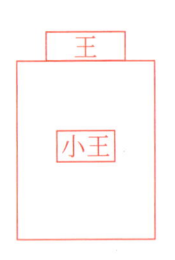

两个以上的儿童，各以钱或铜圆一枚，在图的底线上置一倾斜的砖板上滚去。滚到图的"王"字里，或图内小方中——这叫"小王"，滚者可取得别人已滚在图中的钱。更有一支长约二寸竹丝的标准尺，在轮流滚钱时，假使有人的钱滚到我的钱的标准尺长度之后的，或我的钱滚到别人的钱的先头，也在标准尺度以内的，我又好拿了人家的钱。假使你的钱滚下去而越过了图线，那个钱就属于我或我们了。

擂钱 这是扩大范围的"擂王"，却没有图线的限制。其方法是：先把钱放平抛向斜砖上，看触砖抛去，谁近谁先滚，叫作"头家"，以近推远，而定二家、三家……谁滚去最远，他可站在钱滚定的地方，拿钱抛向别人滚的离砖次远的钱文。如果抛去的钱和那个钱在地上相距大指与其他四指直度以内，那个钱就可给抛者所有，更可以继续以远递近地向别人的钱抛掷；要是抛去两钱的距离，出了手的两指距离的长度，那他就该停止，归那地上的钱的所有者接着抛去。以此为例，直抛到地面上的钱完了才止。抛掷的方式有"三六九""二四八""一三五""幺二三"的分别，意思就是你抛去打动人家的钱，那人家就给你九个钱。你抛去和人家的钱相距在两指张开之间，那就可得六文钱。你抛去不在两指距离的长度间，那你就该拿出三个钱，给地面的你向它抛掷的钱的所有者。这就叫作"三六九"。余者可类推。更有二人嬉戏时，头家滚的钱，非常远而不能赶上它，后者可以不必再滚向前去自讨失败，他就在砖上轻触一下，使钱滚得不远，这叫作"告老"。但在嬉戏之前必互定离砖板二尺许的地方，叫作"关"，那"告老"的钱是必须出"关"才行。余如两钱相并叫"插并"，这钱滚过那钱叫"擂动"，那时就该大家重新滚过。玩的人在二个人以上，这是有金钱出入的、制度完备的嬉戏。

钉钱 这是用钱相钉以决胜负的嬉戏。也要在地面画这样的一个图。图是一个方形，中画一直线分成两三角形。先决定了钉的次序，再一人下钱，一人以钱钉之。挨次钉去，如果图中的钱，被我钉出方形或过了中线，那钱就给我所有。假使钱落在中线——城——上，那钉者就该先问："城哪边？"被钉者就答说哪一边。钉夫的位置假设能过了他所答的那一边，那又有钱可拿了。余如两钱相盖，输钉者就得喊一声"立"，起立而钉者一下，蹲下而钉者一下，平时我钉人家的钱不动，而我的钱出了方形，是该归人家所有，但是起立钉下时，即使钱出了方形，是不为人家所有的。

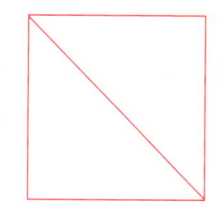

抽五文头 这是抽签以决定金钱赌胜负的嬉戏，它是用一个小筒插了许多细签，签的一端，扎以红绿各色的线条。小

贩子搓得很杂乱，孩儿们在付钱以后，他就抽取签丝若干支，分色而整集在一起，假如某一色有五支或七支以上的，他就可得奖或得钱。

抽牌签 这和"抽五支头"很相似。在付钱以后，抽取竹签四支，小贩子也抽取四支，在签端各镌有牌九数花纹，四支签拼成两副牌，两两相互地比牌的大小，决定是胜是负。胜利品有的是钱，有的是食物，有的是玩具。

鱼虾蟹菜 小贩们在板上画"鱼""虾""蟹""菜"四个画图。另一叠纸条的一端也各画着"鱼""虾""蟹""菜"，用一个套子，套着遮掩了图形，任人们注钱在板上任何一图，看抽出纸条一端的画图和注钱的图样，要是两图相同，就是猜中了，那注一文钱的就赢得三文钱，否则就输给小贩。有的不是抽纸条，是用一粒长方的骰子，四面刻画，掷下是哪一图来定注的钱中了没有。

诗谜 在元旦，诗谜并不是"诗人韵事"，目不识丁的乡农、劳工，也是猜诗谜的人物，他们只晓得"头度""二度""三度""四度"和"五度"是赢呢，还是输呢？诗句的推敲，他们是不知道的。

四五老六 这又喊作"掷老羊"，是三粒骰子掷去比较大小而定胜负以得钱或玩具用品的嬉戏。散掷骰子，除"猪尾巴"（就是"幺二三"）、"四五六"和三粒骰子同数（叫"包子"）以外，必须两粒是同数，而以第三粒点数多寡，决定胜负。玩者之中，有一个"庄家"，假使玩者掷的点数和庄家相同，那次的胜利还是属于庄家的。

状元红 这是六粒骰子散掷的游嬉，规例并不简单。玩法是每人出三十二枚铜圆，摆在桌面，先定掷的次序，输流掷去，如掷出了红色四点的，每骰就好拿回铜圆一枚，三骰拿回八枚，四骰就叫"状元"，可以拿回三十二枚，五骰六十四枚，全红那可把桌面所有的铜圆，全数拿来。其他如"幺、二、三、四、五、六"各一粒，就好拿回四枚，五粒骰子，黑点相同的，拿三十二枚，六粒黑点相同的，也好全取了桌面所有的。六粒骰子，两粒相同的三组，都可以拿回十六枚铜圆。这样循例往返转旋的掷去，到各人摆在桌面的铜圆完了，才终止。

点巧 这是下流的人的赌钱的嬉戏，也有一个人做庄家，由他用两个磨得非常光亮的小铜钱，在左手掌握中投地，右手急急地用一张毛纸盖住，人们注钱猜度，揭看两个小铜钱的方式，以决输赢。

白心宝 这是乡间盛行的嬉戏，金钱的出入，也比较的大，有"宝官"一人，往往是著名的赌棍充当，爱赌的穷人，多有因爱它而倾家荡产的。法以立方体木头一方，一边各半镶嵌黑白牛骨，这叫"宝"。宝官装宝在宝盒里，方式不同，共分四门：青龙、白虎、进门、出门。注钱的方式，那分"督""串""挂"三种。要是赌胜了，"督"的一枚，得三枚，"串"的一枚，得两枚，"挂"的只是一得一了。

推牌九 这是元旦盛行的游戏，乡间沿街摆摊来嬉玩，多是中年以上男女在混杂着赌。它的玩法是用三十二张竹牌，分做四股，每股八张，分做四方，用骰子两掷，定牌的得主，每位得一方，翻看牌的大小，再定是胜是负。

游王和 这和上海的挖花，大同小异。牌用牌九的牌，有白，有花，有圈，有圆，玩法很复杂，不记。

叉麻雀 就是"打麻雀"。大都是中流以上的人们玩的，也是男女混杂的赌，风行的地域最广，玩法也不必细述了。

• 玩意

这里，玩意所包括的，大概都是孩童嬉玩的。

花灯 这本是元宵的主要的景物，但在元旦的晚上，也有相当的显豁。孩童们嘴里嚷着，手里提着那花灯游行。灯有荷花灯、兔子灯、八卦灯、亮纱灯、虾蟆灯、马灯等。

花纸 就是彩色的图画，因了时代的变迁，从"老鼠做亲"式的花纸已改到"儿童教育画式"的东西了。早前的"孟姜女""白蛇传""珍珠塔"……这一类的花纸，虽还没有全被淘汰了去，但近时的纸张印刷和画艺，都比前进步得多多，所以"老鼠做亲式"的花纸，过后怕定归隐灭呢。"时装美好""英烈画像""《三国志》屏""历史教育画"和"抗日将领""淞沪大战"这一类新产物正继续那"泗州城""渭水河""黄鹤楼""闹天宫"和"关公升天"……陆续地增加。那些"蔡状元过洛阳桥""虾兵蟹将老龙王"和衣橱门上贴的小脚美女，现时好像少见了。孩子们在新年买了这些花纸拿回家里，便张贴在壁上，所以一到新年，壁上的花纸也随之一新了。乡下的农工，也多买去补空白的壁。

花爆 黄昏老是闹花灯，也觉得单调、乏味，因此一般年少的人们就玩起花爆来了。燃放的地点，多在广大的庭园中。花爆的种类，有"连升三级""金盆闹月""串天老鼠""大小花筒""串线牡丹"等。"连升三级"是向空斜放，吐出三粒光亮的火焰。"金盆闹月"腰间扎着一枝扁担式的细竹丝，摆在一个盆子里燃放，它就会在盆子里转圈，接着升上天空去而熄灭。"串天老鼠"尾端插着一枝竹丝或芦梢，燃点后，它就串到天空，现出一条长远的火光。"花筒"摆在地面放，它会喷出不同样的火花。"串线牡丹"中心穿着一个小孔，燃放的时候，必须把它串在一条长长的线条上，它会火花迸裂，来去往还在线的轨道上。

玩具 孩子在除夕那天得来的"压岁钱"，还有叩岁得来的"拜岁钱"，多半消费在买玩具。玩具的式样真不少，有金属做的车，木制的刀、枪，竹削的小笛，纸糊的面具、花灯，泥塑的鸡、虎（会发音）孩童、神仙……近年来，更有用金属做的涂上彩色的飞机、火车、汽车、枪炮了。

瓜子鸡 是用五粒瓜子夹起来而成一只鸡。母亲抱着孩子在桌子一旁吃瓜子，她剥些瓜仁儿，送进孩子的小嘴，还给孩子做玩具——瓜子鸡。孩子一边在玩着鸡群，一边在"杀鸡"来吃，他一只只地拆散，一粒粒的瓜仁儿都吃到肚子里。

儿联灯 这个是前边说过的花灯，因为它不好点起蜡烛来照耀，它只是孩子们搜集几多"捧香"焚剩的竹丝，拿来折成三曲，像 M 形，连架起来，就成九联灯。如果竹丝很多就可以架得很多，并不一定只有九联，这是孩子们不花钱的利用废物的工艺游戏。

- **张贴**

元旦纸的张贴，大都挂贴在门窗等的上面，含有"驱邪""招福进宝"的意义。

贴门神 大门在新年展开了，两边门上就需贴上威武的两张门神的"纸祃"（两颊印得红红。）据说，它能够驱邪除恶，把守头门，门内就平安大喜。不过它把守的时间，只有元旦一天，到天快黑了，它就要回到天庭。人们就把纸祃和纸锭，焚化，放着爆竹，欢送它上天去了。

贴平安签 平安签分红绿两种，上面印着"第一签'上上大吉'"这几个字，是社庙里的和尚用木刻印了来送帖的。贴在门枋上面，说这样一来，就能够"四季平安"了。不过和尚送来分帖的时候，就要拿些米或是钱回送给他，大小贫富人家，都是这般。

挂太锭等 一家店铺的门前，那是一定有一块招牌。大店铺柜台的一端，那一定有一块青龙牌（米店写着"以农立国"，钱庄写着"青蚨飞来"，酒家写着"太白遗风"……）。到元旦，招牌的两个托盘上，必须挂上太锭一挂（是麻线串成一挂的两只银色的纸锭，一只金色的纸锭，锭中间，隔串染红色的麦草管），还有财神的神龛上，也得挂上太锭和烧纸。

青龙牌的前面，要挂上大的纸元宝，再用串花的红纸包裹在外面。这样，据说能在本年度"生意兴隆通四海，财源发达到三江"。

• 预兆

这有：

胜利的预兆 假使人们在玩着各种嬉戏，而处处占着优胜，这人在一年之中一定幸福无量，财运亨通。

鸟鸣的预兆 平常听了喜鹊叫，就以为那人快要碰到喜事；乌鸦叫，那就怕要遭祸呢。在元旦，这预兆更加神灵了。假使闻到了鹊叫，内心像有更甚的快意；听到乌鸦噪，也比平常还要怀恨它。

见尼姑不祥 除了因拜佛而碰到外，平日，倘是早晨碰到了尼姑，也是不吉祥的。元旦这天，那无论什么时候，假使碰到她，都是晦气的。

• 禁忌

有：

说"死" 元旦说"死"字，怕"死"就要实现。所以人们假使错讲出"死"字，旁人就会喝令阻止，不必说明。

打破物件 碗盆和其他容易打破的物件，在元旦，拿的人必须特别地小心，怕要失手打破，可是也有愈小心而仍然打破物件的，人们就认为是非常不快意的事情。也有一些文人，在这种情形之下，就说："见怪不怪，其怪自败。"说了，一般人听了好像也就因此安心些。

喝汤 孩子们在早晨吃的汤圆里要多些汤，母亲就"咳"地喝一声，孩子就不作声了。这并不是害怕了，是因为他明白元旦不好"喝汤"。假如你喝了，今年一年出门去，都要碰着天下雨。

• 丐役

元旦是丐役不肯休假的一天，为的这天是行乞最能多得些钱米的日子。他们扶老携幼，又唱又歌地游行求乞。绍兴有"讨饭是年初一到年三十夜"这谚语，求乞的方式，大概如下述：

摇钱树 这不是平常的只凭说话乞求的乞丐。他手里拿的青绿色柏树一枝，叶上枝间用红线扎上些铜钱，就是"摇钱树"。乞丐摇动那树枝嘴里唱的吉利话，人家就布施他钱、米或年糕。摇钱树的意思，就是树上生果实一般地生着钱，要用钱的时候，你只要把树一摇，就不断地落下钱来永不贫乏。这样地祝贺着人们。

讴顺流 这种丐役，大多是两个人：一个手携竹篮子，一个提的是纸糊的大的金元宝，到人家门前，把元宝抛来滚去，两个人嘴里唱和求乞，其词如下：

新正大发财，元宝滚进来。

顺流!

大元宝,叠库房。

顺流!

小元宝,买田庄。

顺流!

零碎银子起楼房。

顺流!

今年造起前三厅。

顺流!

明年造起后三堂。

顺流!

当中造起桂花亭。

顺流!

桂花亭上好有句话。

顺流!

冬穿绫罗夏穿纱。

顺流!

......

立起身来捞年糕。

顺流!

阿官状元糕。

顺流!

姑娘凤龙糕。

顺流!

太太福寿糕。

顺流!

捞起年糕八大条。

顺流!

讴顺流个也话好。

顺流!

安徽

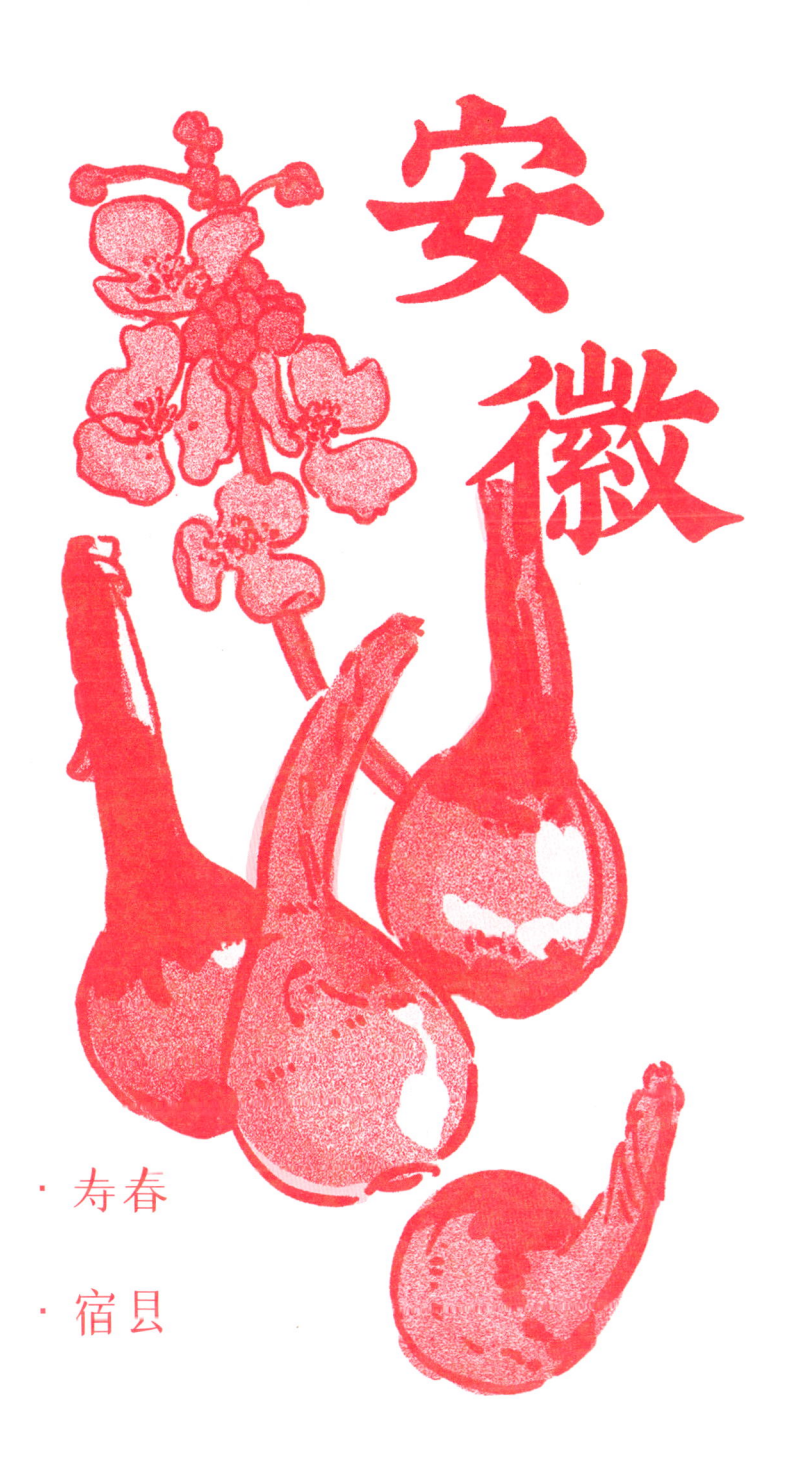

- 寿春
- 宿县

寿春

• 驱邪降福

正月初一日鸡刚在啼叫,人们都就要起床,梳头洗面以后,焚香拜天地家堂,燃放爆竹。在自家门前,插那桃符在门的边旁,这就是驱除恶鬼的俗行。

• 财神酒

初四日那天是接财神的一天,谨备三牲和别的菜蔬,叫作"财神请酒"。菜蔬之中,必须有鱼头、慈姑、芋艿这些东西,"鱼头"是"余头"的含义,"慈姑"是"时至"的意思,"芋艿"是"运来"的命义,都是取吉兆的意义。当天还要大家把香火去灼神的面庞,叫作"火财神"。

• 五忙日

初五叫作"五忙日",忌着去动土,动了那必须灾祸来到。

- **太平团**

    初七拿饴糖掇炒米做成圆的团，叫作"太平团"，据说吃了就能够一年太平。有的拿去馈赠别人家，叫作"饷太平"。也就是"想太平"的意思。

- **迎九娘**

    初九日妇人们相聚起来，大家去迎九娘神，迎来了就问她来年的蚕桑怎样？流年怎样？财运怎样？……一切杂琐的事情。

- **闹元宵**

    十四到十六这三天，叫作"灯夕"，门前挂灯结彩，庭中敲锣打鼓，这叫"闹元宵"。要是不去这样一闹，说是必须遭火灾的。

- **走百病**

    那天城里的乡下的男女们，都跑出了家，叫作"走百病"。

- **咒百虫**

    十九日，女人们要把炒米撒在墙壁隐僻的地方，咒喊着蜈蚣、蛇、蝎……，叫作"咒百虫"。

宿县

· 赶会

从正月初五到十五,差不多天天有会,所以新年一到,人们都要像赶集一般地去赶会。赶会、赶集,有点相似,不过赶会多了几台戏,还有人们在踩高跷、跑旱船、耍狮子和舞龙灯的节目。

· 朝庙

赶会的人一定会去朝庙,朝拜神庙里的神祇,皖北各地庙宇真不少,例如城隍庙、土地庙、龙王庙、文昌庙、鲁班庙、观音庙……更有寺院和尼姑庵,在正月里都是香火鼎盛。

· 拴儿

朝庙的香客中,有些人目的是拴儿。拴儿就是求子,这个任务多由年长的妇女们来代劳。一家新妇老是不能生育一个男孩子,便会由她的婆婆或嫂嫂，比她辈分高的，年龄高的人去朝庙拴儿。拴儿的妇人一进到庙里，先用香皂把双手洗了又洗，定要手净心诚，才能够有求必应。那神龛的供台上，住持早已准备好，堆满了泥娃娃，这几天庙里香火特别旺盛，献金柜里，常会塞进很多钱。神龛前面挨次放着一排跪拜用的垫子，凡是来庙拴儿的妇女们，都会虔诚地下跪，连连磕头，并且念念有词："佛爷在上，请发慈悲！……倘若得愿，为佛修面，重换金身，每年上庙还愿。"说完，她便走向那供台前，从身边的荷包里掏出一串红色绒线，线上已经系着一个金光闪亮的大制钱。妇人用双手把红绒线分开成个线圈，向前伸展把线圈套进一个泥娃娃的脖子上，拴住了泥娃娃就是象征得到儿子。然后用一块大红布把那个泥娃娃谨慎地包起来，向神祇拜谢一番，小心翼翼地抱着它慢步走出庙门来。回到家里，大家欢天喜地，都认这个泥娃娃，就是菩萨所赐的男婴。

湖南

- 长沙
- 新化

长沙

玩龙 灯会 打春 送财神

• 玩龙

新正初五起到十五那天止,长沙有一种大组织的玩龙习俗,其地域以一庙王所管辖的地方为界,名叫某某庙王神龙,以旌旗十支或八支为前驱,跟着的是土号筒和锣鼓。龙是用纸来扎成头和尾,中央分做十多把,用画有龙鳞的花布包裹着。龙头、龙身、龙尾,每把各竖一支柄,每人拿着一支,先面一个人拿着"珠"来指挥。每到一家,户主就燃放爆竹香烛来迎接。另以长二尺左右,宽一寸左右的红布系龙的头部,叫作"挂红"。然后由拿珠的人引龙到厅前的空地方,大舞特舞,将龙结成"八结""卐"字……吉祥的字样。舞时大擂锣鼓,吹号筒,主人燃爆相和。舞完了,大家休息,主人办酒肉果饵款待他们,到吃完了,再舞一套以后就去。

• 灯会

十一日起到十五的晚上,有玩灯会的举

行，就是用彩纸扎成各种鸟、兽、果实形状的花灯，一人一盏，旌旗引导着，鼓乐唱和着，百十成群，游行在乡村或城市之中，每至一家，也都燃放爆竹，欢迎并备酒食款待，另外又有赠送蜡烛，供他当作燃料。

• 打春

立春或新正，有一种打春的人们，他们和乞丐差不多，头戴红缨帽子，身穿蓝布长衫，身边挂着一小锣，胸前挂一个小鼓，一边咚咚哈哈地敲，一边走进门来唱着，唱的是一种打春歌，七个字一句，信口胡诌，不外是报春恭贺的好话：

"今年某年某时吉，新春来到贵府门……"

唱完了，主人给他白米一勺，他又向别家挨次地去唱了。

• 送财神

有些是贫民，有些是乞丐，他们用小方红纸，印着"赵玄坛骑虎"字样，于元旦初二初三送到人们的家里，嘴里唱着：

"财神进门来，四季广招财，富贵多子孙，天选状元来……"

主人给些米或给一文钱，也就走了。

新化

鞭炮响
拜年
禁忌
早餐
招待客人
舞龙
耍狮子
茶盘犒赏
老鼠接婚
元宵酒

• 鞭炮响

元旦早晨，噼噼啪啪的鞭炮声，一阵又一阵的，叫人们从梦里惊醒，新年来到。

• 拜年

新化有一首拜年民歌：

初一崽，

初二郎，

初三初四拜姨娘。

"崽"是指"儿女"，"郎"是"女婿"，"姨娘"是姑妈、舅妈和远房亲戚。这首民歌的意思：元旦早晨是儿女们向父母等尊长拜年，初二是女婿和出嫁的女儿来向岳父、岳母拜年，初三是到至亲家去拜年，或是内侄、姨侄、外甥一辈的小辈亲戚来向长辈拜年。然后才是广泛地向好友家去拜年、贺年。

- **禁忌**

元旦不要做的事：不许哭；不和人打架；不许抢夺人家的东西；不要说不吉利的话语。

- **早餐**

元旦早上的一餐饭，和除夕的一餐饭一样丰盛，而且不吃剩菜，都是现煮的，这是一年的第一次，所以要一切全是新品。

- **招待客人**

拜年的至亲客人来了，往往要住到三天四天，或是七天才走，天天招待他们吃腊鱼、腊肉，陪伴他们在家里下象棋或其他游戏，出外去看舞龙舞狮或到附近去观光，这种生活表现优裕而快乐。

- **舞龙**

从初二到十五，每天或隔天就有人来舞龙。一条龙，至少长到二十二三节。那好多舞龙的人，都穿着一样的服装，身卜系着红红绿绿的绸丝带，丝带左边，搭着一块毛巾，舞龙相当吃力，毛巾备来擦汗。有的舞龙，除了龙舞以外，还有戴着孙悟空、猪八戒的假面具的人伴同做出各种姿态。

- **耍狮子**

也是初二到十五，每天或隔天有人出来耍狮子。在元宵那天，七点开始，一直到深夜三四点钟，不断地有人耍狮子，自然每家得预先准备红包给他们，多的六元八元，少的也有二元四元。耍狮子有也戴孙悟空、猪八戒面具的人伴舞。

• 茶盘犒赏

舞龙舞狮的打听哪一家人家有新郎新娘来回门的，便到他家里去表演。要向那人家捧呈一个茶盘，盘里盛着一些米，米上放着一个红包，包里是八元银币。那人家接受这个茶盘以后，就要以加一倍的银币放进红包里回赠他们，舞的人们舞了一回就告辞了。要是这家人没有这样做，舞的人就老是在院子里表演，锣鼓响得震耳欲聋了，快把加倍的钱放到茶盘上，舞龙舞狮的人便转到别家去表演。

• 老鼠接婿

元宵节夜里，人家要点许多蜡烛在楼梯口和仓库边，说是为了老鼠已经在除夕嫁了女儿，元宵要它们的女婿，照亮它们。要不然，它们走路看不见了，就会咬破东西呢！

• 元宵酒

元宵又备了丰盛的酒菜，大家痛快地再吃一顿，从明天开始，就要各人各去就业了。有句谚语："吃了元宵酒，工作到了手。"

湖北

- 武昌
- 黄陂

武昌

• 新婿贺年

正月初四这一天是新婿贺年的时期，岳家所备的丰肴盛馔，任何宴会是不会有这般的奢华，妻舅们和舅嫂们，到这时候，在饮食之间，就要和新客人开极大的玩笑。

• 弄龙

十三到十五是龙灯期，叫作"弄龙"。龙是竹制纸糊成的，龙身很长，就是连起好多的竹环做的，龙身内有灯座，可以点灯。下边是许多柄子，人们就拿了这柄子舞弄起来。白天龙身是披着彩衣，晚上是燃点灯火，后边跟着鼓乐，按户地循着行去，每户必须供香致敬，要是这人家今年生了小儿，那必须在龙的角上挂红，挂着三牲。向龙也好求子，那要许它旗子和炮。弄龙的挨到富人的家，必须盘绕舞动多时，富人因此也得重重地奖赏他们，所以弄龙头的人，非有很强的臂力，是干不了的，因为长的龙，是很重。龙的长，从十多节到几十节的样子，每一节的长度，有三尺到五六尺。还有所谓"换酒"的礼俗就是两村的龙相互的宴请，甲村的龙到乙村赴宴，那甲村全村的男子老老小小就都跟着去，往往一天吃几餐。一到了十五那天，这天该叫"火龙期"，就把龙的头和尾烧掉，留着龙身和龙衣到明年再来弄。那天晚上全乡的龙会晤在祠庙里，大家拿着器械卫护着龙，旁观的人比看戏多千倍百倍，是一年之中最盛的一天。

黄陂

• 拜年

拜年的次序，首向天地君亲师，次是祖先，再次是堂上，办完就鸣炮。鸣了炮，就开门上庙，庙里回转了再拜年。次序是初一拜本家，初二母舅，初三岳家。去年有新丧的，孝子穿着白的袍，黑的套，戴着没纬的空梁的冠，请服内的兄弟二位，也穿着白的袍作陪伴，到亲族的家里叩首谢孝，这叫"管新灵"。

• 占候

老农们的占候，就是看初一到初十的十天天气的阴晴，来占测一年的事物，占候的谚诀是：一鸡，二犬，三猪，四羊，五牛，六马，七人，八谷，九麻，十豆。那一天天阴得没太阳落山坡，就是一年中将损害某物，例如初一天阴就要损害鸡，初二阴损害犬……

• 灯会

元宵节，各村都有灯会，并不是晚上举行，一切的布置，倒也有可观的地方，有的牙牌上书：贺春王正月，庆天子万年；风调雨顺，国泰民安；五风十雨，万紫千红。牙牌的后面，是高跷锣鼓，再是龙灯，龙灯有的是布绘图的，有的是绣成彩色的，迎到村庄上，家家户户必须摆设香案，龙灯过时，就把龙头据案享受。随龙的有四个老人，整衣戴冠分立在香案的左右，祝祷着吉利的言词，挨户行去，然后鸣炮舞龙，炮没有完舞不能止，熙熙攘攘的好像人和神都欢乐无穷了。

河南

- 开封
- 新乡
- 河南东部

开封

拜年 饮宴 赛会 赌博 游艺场

• 拜年

守岁人到五更时，重新盥洗，礼服礼帽穿着起来，摆上和除夕一样的祭品，香烛齐燃，爆竹争鸣，家人依次向祖宗或神祇祝年禧，小辈向长辈"拜年"。吃过元宵和饺子后，男子就出发到亲友家去拜年，有些人特别恭敬，在东方尚未启明时，已经在"蓬蓬蓬"地叩亲友的大门。并且需注意去拜访的第一家，必须是兴旺之家才好：父母俱存，兄弟无故，求财得财，求利得利的人家，即所谓"财旺人旺"的意思。自然大家也都希望一位"财旺人旺"的客，第一个来到。实际却大多数均"挡驾"不见，仅只仆役或小辈应门"谢谢劳步"而已。客人呢，向他们的祖宗或神祇磕上"神三鬼四"的头（向神磕三个头，向鬼即祖宗磕四个头），留上一张贺年的名片，就拔腿走了。有些更省事，敲门不开，从门缝里塞进一张贺年片，就算完事。更有些连门都不敲，偷偷把名片塞进去就走。如果在街上遇到了，手拱名片的小护书，嘴里喊着："恭喜！恭喜！"在从前，如果遇着长辈，那就老实不客气，在大街上"崩角稽首"磕上三个大头，现在却没有了。至于女子呢，好像比较不吉利，不配在元旦日拜年。如果元旦日遇到女亲友，向她们拜年是可以的，她们绝不敢向你拜年，一定要等到初二才可以。所以元旦的第二日，更为有趣，不像元旦之"闭门传简"了。年轻的夫妇，同车（骡车，北方有出赁的）先往岳家拜年，然后再拜访别的亲友。小姑娘们往往跟同族或同居的姊妹们，成群结队打扮得花枝招展，也同时到各处拜年了。她们自然不传名片，见到主人，就跪在预备好的蒲团上，行起大礼来，但主人口里还说"常礼常礼"呢。过了初三以后，拜年就没有这样热闹了，但只要在新年十六以前，见到了都可随便说一句"拜个晚年吧"。

- **饮宴**

元旦五更吃过元宵饺子等到晌午，自然有一餐最丰盛的酒宴，普通住户，也不讲究几盘几碗，只拣最好的吃好了，如果公馆大家或店铺一定要吃"整桌"了——"鱼翅头"或"海参头"至少也得个"五簋八盘"的酒席，在乡下却只有十大碗。饮酒猜拳，痛快淋漓！初二是财神生诞，又可借故吃一餐酒席。初三和"破五"（即初五）都是鬼节，又吃两顿饺子，意思和称谓叫"摄鬼眼"。初六日据说年已过完，但天天仍旧吃的是"年菜"。初十日是石头圣诞,须吃烙馍,叫作"实牢"(与"十烙"同音),那么一年的命运就实在而且坚牢了。元宵节又有一顿酒宴,同时还要吃元宵。如果是新姑爷,就比较多一点口福,因为初六日岳家照例是请姑娘的,那么姑爷也连带请了去,一席丰盛而排场的酒筵吃到了。"请姑娘,带女婿,小外孙,也跟去"的儿歌正是歌咏着这件事。元宵节又要请姑娘(这与酒宴没有多大的关系,因为叙述的方便,写在此地吧),这与上次是不同的,第一不附带请姑爷,第二姑娘可以在娘家住,住几日却须遵守婆婆的限制期,第三等回来时,搬来娘家灶君前供的一座枣山(花糕的一种),这是已经有了小孩子的话。此外朋友之招饮,亲戚的请筵或团体的公宴,更不可数,都是凑着现成的酒肴,乐得做个人情,直弄得人人肚皮里,闹个"不亦乐乎",而人也享乐够了。

- **赛会**

商罢市、工辍业的新年,当然有很多的娱乐方法。从元旦日起就有一队队旌旗招展金鼓齐鸣的"游庙会":前边一面面高四五丈的三角大旗,青龙、白虎、八卦、太极等等把戏,后边挑着大鼓、小手锣,四面或八面,最后用笸箩抬着香,用褡裢盛着炮,会首们拿着小三角旗,逢庙烧香,沿途放炮,从而观者,塞满了道途。会中人多为泥水匠人,煮小盐的,和一般无一定职业的人。这种赛会,天天都有,直到破五才止。如两会相遇,都要偃旗息鼓,不然往往擂鼓争胜,而致巷战。不过近来有了警察，这些"英雄们"无用武之地，也就安然无事。初九日是玉皇圣诞，在龙庭上，可以看到很多的赛会，除了游庙会，又有狮子、高跷、大头和尚、旱船、竹马、五鬼闹判等等，还有不远数百里而来的"香客"，她们头上插着黄表（据他们说是符），襟上挂着号牌，手里捧着檀香，身上穿制服似的蓝色大布衫，鱼贯而行，跟着掌旗的向导。有些却钻到道士们故意造成黑漆漆伸手不见五指的小屋里，去摸玉皇屁股底下坐的龙墩，那么就可以一年不致腰痛了。到元宵节，赛会又举行了。同时又添一种"龙灯"，玩起来比上述几种更是有趣。因为元宵节是灯节，所以有龙灯。那时各家商店都悬红结彩，挂出千奇百怪的花灯。寺庙之前，高搭鳌山，燃百数十"灯盏"在上边，小孩们捉着妈妈买的兔灯、鱼灯、猴子偷桃灯、山羊头灯、绣球灯、莲花灯……最小限度也有个补绽灯。空地上放烟火，水坑里放河灯，真是火树银花，眼睛看也看不及呢。十六过后，"小年"（俗以十六为小年）也完啦，间或有些远道而来唱花鼓的，唱秧歌的，好像故意做赛会的余韵似的还在沿街卖唱。

• 赌博

赌博自然无处不有，无时不存，但都没有新年来得普遍而且公开，所以也有提及的必要。高雅的自然是打麻雀了，文明的却是玩扑克，但都没出宝盒或推牌九来得痛快，掷骰子来得豪迈。老太婆却爱用纸牌来"对叠"或"扑胡"，老头儿却爱来"八丁",小孩子复杂的不会,却会"吊猴""跌斗""掷小圈""赶点"……而游艺场内的流氓和卖糖的,又生出许多方法,来引诱人们去赌,什么"五独""抽签""摇会""转糖""摸团"……不一而足,并且元旦后三天,公开大赌,禁也不禁,更是赌博普遍的大原因。

• 游艺场

除了上述的享乐以外,最能吸收新年的闲人的,要算游艺场了。第一个就是相国寺,再就是两个商场。商场除了卖小儿的玩物的人最多,没有什么好玩,不过"人看人"而已。相国寺却复杂多了:有"以消永昼"的菜馆,有"聊以充饥"的饭店,有登高可以望远的藏经楼,有数佛可以卜运的八百罗汉殿(即八角琉璃殿),有远道而来的西洋镜(即玩照片的,多为山东河北人),有打拳卖艺的镖师,场内列着刀枪剑戟……十八般兵器。有当众献技的幻术家,玩得五花八门,看得人眼花缭乱,莫名其妙。有黑草棚、矮板凳说《三国》讲《水浒》……的平话场。有拍道情筒,打板的"坠子腔"。有打梨花击铁板的"山东或北京大鼓",还有"靡靡之音"的"二加弦"。有俗不可耐的女道情,更有淫亵卑鄙的"相声场"。至于欺买诈卖,诱赌引奸,以及医卜星相,五光十色,不一而足!不要说三年不进城的"乡里老冤"见了,目迷五色,听了,耳迷五声,就是所谓"城釉子",也吸引徘徊留之不能去呢!至于小孩子和轻易不出大门的姑娘少奶奶们,更觉得相国寺比江瑶柱还有味道。此外还有些临时游艺场，记不清楚是什么时候在什么地方了，反正正月十六以内，城厢内外总有四五处要唱高台大戏的，一唱就是三天，看台高高地搭起，小商就远远地来了，看的人像赶市集一般的，也真极一时之盛了。如果是有跑马卖解的，更是吸引人的游艺场了，至如玩狗钻圈、猴爬竿、羊跑马……随地都可遇见。最有趣的是"独戏台"，随处撑起舞台，一会儿傀儡登场，一个后台老板，又敲家伙又唱戏，"武督督，武督督！""卖豆腐的酒醉打架""贪色的猪八戒背孙猴子"，真能教人一见呵呵笑，不过这些仅能招聚几十个妇人和孩子们来看热闹，占上三分之二的街面，延长到个把钟点的小小集合，算不得什么游艺场。

新乡

起床 禁忌 敬神 祭祖 拜年 吃饺子 岳家拜年 贺年 玩乐 酺五元宵

- 早起

正月初一，起得很早，大概早晨三四点钟大家就起床了。

- 禁忌

大家要欢欢乐乐地过新年，大人们就告诉小孩子们：新年里不许随便说话或吵闹，更不许把家具打破。孩子听了都乖起来，起身以后，恭恭敬敬地看着长辈的行动。

- 敬神

一家之主的敬神，先敬家里供奉的神，然后敬门神，敬灶神，敬仓神。家里有井，还得敬井神。敬神行礼，要接连叩头三响。

- 祭祖

敬神完毕，便接着祭祖，程序是：燃烛、上香、焚黄裱、奠酒、放鞭炮，还要接连叩头四响。

- 拜年

　　祭祖以后，天色差不多快亮了。这时候就开始拜年，按辈分大小及年龄长幼的次序，统统都要拜到。晚辈向长辈拜年，年幼的向年长的拜年，都要叩头。

- 吃饺子

　　拜年，如果人口众多，要有相当久的时间。一到天色明亮，早餐用膳时分，因为今天是元旦，大家要吃一顿饺子。

- 岳家拜年

　　初二，女婿和女儿，有的带了外孙和外孙女到岳家去拜年，拜年要带礼物去，礼物照例是带柿饼。向着岳父、岳母、外公、外婆拜年以外，别的岳家的长辈也得统统拜到。

- 贺年

　　初三、初四、初五，都是到各处向那远亲或朋友贺年，在路上遇见了，彼此拱拱手，哪怕平日发生过嫌隙的，也是大家拱手，过去彼此有相处不愉快的事，这样一来，就此笔勾销。

- 玩乐

　　新年在家玩乐，多半是家人聚在一个桌子的四周，或摸纸牌，或掷骰子。

- **酺五**

初五这一天叫"酺五"。可能是由于古代皇帝给人民赐酺而来。以前皇帝一到国家庆典,便准人民聚饮,这叫"赐酺"。赐酺最多的一天,是初五,所以初五这一天叫"酺五"。过了"酺五",工商业就开始营业了。

- **元宵**

是正月十五日,俗行和各地类同,有些人过了元宵,才算过了年。

河南东部

- 起五更
- 开门炮
- 喜神方
- 拜年
- 禁忌
- 吉兆
- 吃食
- 穿着
- 贺年
- 不出门
- 祀神
- 酬神赛会
- 祭典

• 起五更

元旦清早，人们要起身特别早些，老小男女在上午四五点钟都离开床铺，称"起五更"。

• 开门炮

元旦起身之后，先要燃放三个爆仗，叫"开门炮"，实际上人家在除夕夜里是不关门的，可是放的爆仗还是称为开门炮。

• 喜神方

预先检出黄历，查明喜神方是哪一个方向，开门炮放过了，就搬出一顶小桌了，朝着喜神方，向喜神焚敬一炉香。

• 拜年

拜了喜神，然后拜众位神明，向神拜年以后，再向历代祖先拜年，再后小辈要向长辈拜年。拜天爷和拜祖先，须行三跪九叩首礼。

- **禁忌**

　　元旦不要开箱开柜，以防止银钱外溢；不要扫去地上灰尘，免把财物扫了出去；不要动用剪刀，动用缝针，防止戳破皮肤而易于发炎；不要吃泡蒸馍，否则便要淹死小鸡；不可喝糊涂，喝了便要土地的土质变硬；还有元旦不可大声说话；初十是石头生日，不可在砧上捶布。

- **吉兆**

　　看到了蜡花结成像五谷之中的有一种花蕊，这是今年农作，和这一种花蕊相似的农作物预兆丰收。

- **吃食**

　　初一到初五，大家喝大米茶。元旦，大家都要吃些黏黏糕，取其年年升高的意思。

- **穿着**

　　元旦大家都穿上新的衣裳：有钱人着狐裘蒙茸，一般男人都穿长袍马褂，小孩子们都着花衣花帽，小姐们更是争奇斗艳，打扮得花团锦簇。

- **贺年**

　　正月初二，大多数人家要到至亲家里去拜年，初三、初四，便到普通亲友家里去贺年。

- **不出门**

　　初五称是"破五"，不可出门，出门怕不吉利，大家便都耽在家里。十三是杨公忌，也是一样的不可出门。

- **祀神**

　　初七是火星生日，初九是天爷生日，家家户户都要祭祀。

- **酬神赛会**

　　十五要酬谢神明，举行赛会了。赛会的节目很多，有的乡村演戏，也有舞狮、舞龙、踩高跷等到处盛行，夜里灯火辉煌，大家在赛花灯，家家户户大大小小都要在这一天吃元宵。

- **祭典**

　　十五晚上，又要祭神，祭完了，把除夕中午供上的天爷神像取下，夹在黄表纸里面焚化。接着又要祭祖，大家跪拜行礼。到此为止，农历新年行事结束，从明天起各人各做各事，工作开始了。

江西

- 赣州
- 德安

赣州

上元灯开路殿后

• 上元灯

正月十五元宵节,不只是看看灯彩,而且大家玩灯,玩的不只是孩子们,而且大人们也都来玩得使人看了惊奇欢跃呢。

鲤鱼灯 这灯一共有七盏到九盏,其中一定有一盏龙头灯和一盏虾灯。各盏灯是分开来舞动的,但是舞的时候绝不凌乱,好像有一根看不出的线,将这九盏或七盏灯联结在一起。舞这种灯,花样很多,时间不短,最好玩的是自晚上九时舞起,一直舞到次晨五时,一连舞到八小时之久,舞的方式全然不相同,计有跳龙门、戏水、编篱笆、孵卵、抢钓、朝龙宫等一百多种花样。鲤鱼灯中舞虾灯最难,不但要舞得好,还要虾灯扎得好,虾的触角、脚和每节相连处都要有恰当的弹性,再加上舞者的熟练技巧,夜里看起来只见一只活生生的偌大的虾,在空中不停地跳跃。

什锦灯 以十五盏为一组,龙头和龙尾以外，每盏大都糊成云块的样子，有一节龙身隐约在云块里，各个云块的形状不同，在云中又缀上山水人物，内容有二十四孝、武松打虎、过关斩将等。什锦灯所扎的故事，都是整套的，其中人物，都暗装机器，可以活动自如。舞的时候，在场上慢条斯理地走动，高举灯彩，摆成"天下太平""五谷丰登""国泰民安"的吉庆字句。

风车灯 灯像风车，附有四个风帆，由着气流的压力，带动整个灯不断迅速地转动，点在灯里的烛火，随它如何舞动或转动，仍旧安然不动，这灯是用绫绢糊成，当它乱转之时，五色缤纷，变化无穷，也会拼成"风调雨顺"一类吉祥字句。

狮子灯 糊扎比较简单，舞起来也没有很多花样，它是以音乐为主，灯舞尚在其次。配乐有文场、武场：文场乐器，用胡琴、二胡、月琴、琵琶、喇叭、哨喇、长号和箫、笛、笙等等。武场是用大鼓、小鼓、笃鼓，大锣、小锣、碗锣、汤锣、磬锣、大钹、小钹、手铃和磬等等。一个完整的乐队，多到三四十人。乐曲计有"大红袍""大摆渡""浪淘沙""孟姜女""不放牛"等。最好的配乐，往往在狮子灯出现之时，奏出昆曲和南管。

采茶灯 这是重在"唱"，并不注重"灯"，和"喝采茶"结合起来。演唱采茶，全部只有三个人：一个男的扮作小丑，两个女的扮成一旦一生，或是两个旦角。演出之前，各人抹上胭脂水粉，穿上农村衣装，就可演唱。所唱的内容，是民间传说的恋爱故事。

长龙 连头带尾，共有七节的长龙，每一节是用篾子编成，像一个篓子所以又称它"篓子灯"。由五个人来舞长龙，翻腾上下，矫捷灵活，尤其是在夜间舞弄，都点着烛火，鞭炮放得空中如雾如云，看来更加生动。舞龙头的人要配合锣鼓哨喇的声音，变换舞姿，急徐快慢，抑扬顿挫。其他舞龙的人，都要站着"骑马步"，一边舞，一边走。舞龙头的人的面孔，要向着舞身舞尾的四个人。走着后退的脚步而前进。舞的花样有：穿花、结辫子、跳绳等。还有跳台子，这是五个舞者不仅手上舞龙，还要一个接一个像跳木马地跳过八仙桌，开始的跳是用一只手撑着桌面跳过去，以后就不用手撑，从平地跃起跳台子，一连跳过三张或五张八仙桌，面不改色，手上拿着的龙灯，仍旧连在一起。并且又将八仙桌向空中叠起来，舞者从下舞上，又从上面翻筋斗跳下来。最精彩的节目是抢龙珠，两人对舞，一人舞龙珠，一人舞龙头，龙头里面燃着烛火，舞时龙珠在前，龙头在后，由慢而快，渐渐快起来，快到分不出龙头、龙珠，只见一条火流，围绕在两个人的前后左右飞舞，最后，一阵紧密的锣鼓敲起，只看见一个大火球，也见不到两个舞龙的人了。

草龙 全部用稻草扎成，舞法和长龙一样，可是不能点烛，而是全身插满了点了火的线香。舞草龙的人是临时组合起来，挨门逐户去舞弄，赚些红包。两条草龙在路上相遇，就要对客龙让路，人们也会对它虔诚地礼拜，把它奉献为神龙，就是在停止舞弄的时候，也要焚香点烛奉祀它。

• 开路

　　上元玩灯的行列，最前面是一个头扎彩巾的赤膊壮汉，他耍着一对"火流星"来开路。火流星是用两个铅丝编成圆球，球内各盛着燃烧得火红的木炭，各系在一条长绳子的两端，长绳的中央挂在壮汉的肩上，他两手拿着系有火球的长绳的两端，一边挥舞，一边行进，观众看到火流星来了，便让开道路，分向两旁站着，来到迎接行列了。

• 殿后

　　是一支大乐队，也有是许多人抬着许多"抬盒"来殿尾的。这抬盒是雕龙刻凤朱漆描金的，放着蜡烛、点心、茶水等等应用物品的盒子，这是等于一支后勤任务的部队，替那数百人浩荡前进的行列来服务。

德安

春联
端元宝
拜神祭祖
出天方
拿萝卜
酬神
散贺年片
拜年
请春酒
玩龙灯
走娘家

• **春联**

元旦未曾天亮,家家户户都已贴上春联,联句不外乎三种:一是写景的,"一元复始,万象回春""云霞出海曙,梅柳渡江春""春为一岁首,梅占百花魁""爆竹一声除旧岁,桃符万户换新春"。二是吉利的,"天开寿域,人在春台""满炉香结平安字,一夕灯开富贵花""天增岁月人增寿,春满乾坤福满门"。三是勉励的,"积德前程远大,存仁后步宽宏""世事让三分,天空地阔;心田留一点,子种孙耕""忠厚儒家远,和平处世长"。

• **端元宝**

元旦清晨,全家共进早餐,要有一大锅的茶叶鸡蛋,每人吃蛋,有一句吉利的口语"端元宝",就是以鸡蛋象征"元宝"。

• **拜神祭祖**

元旦清早,家长领着男丁,向天官、财

神等画像焚香跪拜，再朝祖宗牌位行礼，接着打开财门，燃放一串大鞭炮。

• 出天方

元旦重要仪礼之一，出天方，就是朝向东西南北四个方向行礼，就得先行查看黄历，今年喜神方的方向，如果在东方，那就先朝东方，向空膜拜，其他方向然后一一膜拜。

• 拿萝卜

出天方的男人们，每人手拿一个染了红颜色的白萝卜，在萝卜上面插上一对小红烛和三支香。意思是德安谚语"一年忙到笃"，这"到笃"就是"到底"的意思，忙到萝卜插蜡烛，就是指此。

• 酬神

出过天方，便派人到各寺庙进香，酬谢一年来神明的保佑。

• 散贺年片

派人拿了贺年卡片，到全城街上向平常有往来的店铺或伴家散发，通常只向人家大门缝里投进去，不必叫开门来，把贺年片致送。

• 拜年

亲自登门，当面祝贺，这是晚辈对那长辈的拜年，而且要跪地磕头。初一拜年，初二仍可拜年，如果长辈亲戚之在外乡的，也得步行前往，每到一处，可以接受点心、酒饭或红包。

• 请春酒

从初七开始，要请春酒，邀请至亲好友来家宴叙，亲友多的要分次邀请，以免家里场地较小，客多不便容纳，和客人多了，主要不能亲切接待，所以交游广阔的人家，常常天天请春酒，连续七八天的。

• 玩龙灯

元宵前后玩龙灯。龙灯制扎精致，每节灯间，距离较长，玩时滚动，此起彼落，呈一个圆桶形地循环上下。玩灯的人多是青年，寒天也打赤膊。每逢住户商店接龙，鞭炮、花筒齐放，擎龙头的人，须对大门说那吉祥祝贺的话，说时有人打锣，每一句，打锣的人接应一句，再要敲锣两响。祝贺之后，受贺人家给予红包一个，再加果品两包。玩的地方多在县城内外，很少到乡下去的。

• 走娘家

十六以后，妇人返回娘家，探视亲长。娘家须遣兄弟或佣仆来迎，也有由丈夫伴同归宁的，如已有儿女的，就携同前往。妇人返回娘家要停留几天，事先禀明翁姑，到时，有婆家派人前去迎回。妇人归宁，婆家要办好几样礼物，送赠娘家尊长和近房族人，敦亲睦族，而娘家和族人，也纷纷宴请母族亲戚姊妹们，大家会面畅叙。

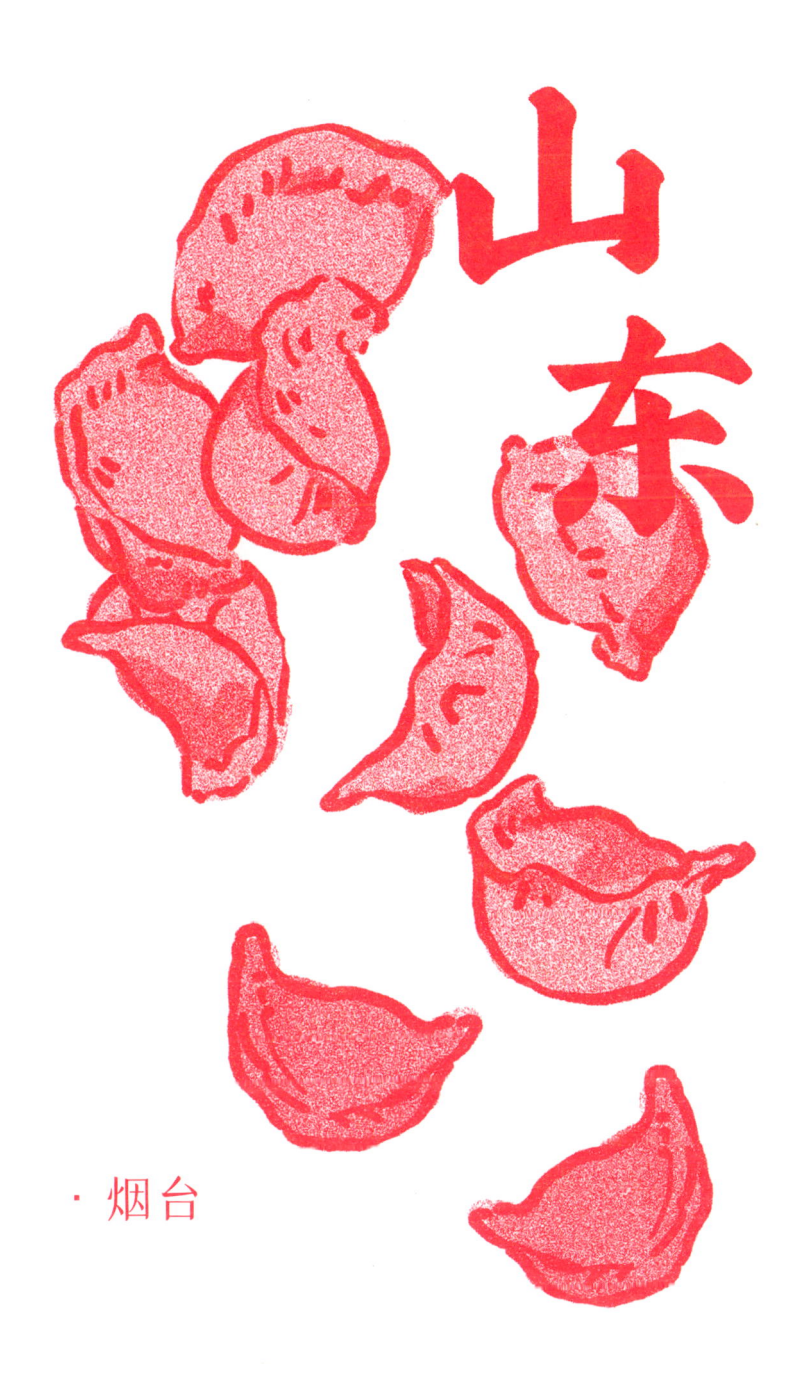

山东

·烟台

烟台

起五更
祭神
吃饺子
拜年
新春开笔
走亲戚
红枣饽饽
消遣
破五
广开文思
灯节
农忙开始

- **起五更**

  元旦起早，听到雄鸡啼到四遍了，一家大小就都要起床，这时候爆竹声此起彼落，犬吠鸡鸣，告诉人们又是一个新年来到了。

- **祭神**

  祭的神可多啦：玉皇大帝是最高神灵，还有管生财的关帝，司伙食的灶君，保佑丰收五谷的神农，维持六畜平安的牛王、马王，防止邪鬼的钟馗，更有添生贵子的神祇等等。一家全年的幸福都靠他们，所以新年第一件事是祭神。

- **吃饺子**

  祭神以后要吃"年饭"，是吃饺子，吃的饺子是素馅的，佐料有几十种，比较肉馅高贵些。许许多多饺子之中，有的包铜钱的，有的包镍币的，有的包栗子的，有的包红枣的，谁要是吃到它，大家就向他道喜，祝贺他是一家之中最有福气的人，新年一年好运道。

• 拜年

拜年不怕早，越早越有礼貌。先从家中依辈分大小拜起，次及近邻，再到全城或全村拜年。向尊长行礼，不是鞠躬，是要磕头，长辈必须接受拜年，赏赐红包、胡桃、糖果。

• 新春开笔

孩子们向老师拜年，老师不要给他红包，老师家里桌上，放着一张红纸和一副新的笔砚，学生拜年以后，要在纸上用正楷写出一句经书上的句子，启蒙的学生也得写上自己的姓名，这算是新春开笔。

• 走亲戚

从初二到十五，要到外婆、姑母等亲戚家去拜年，不论距离多远，必须亲自去走一趟，交通不便的，大半骑着牲口或是赶牛车去。路上碰见的，不是回娘家的亲媳妇，便是到外婆家的外孙们。

• 红枣饽饽

这是不寻常的食品，供奉神祇、灶王、祖先不可少的供品。一蒸就是十几笼。圆大的饽饽插着大红枣一层一层地叠上去，供祭玉皇大帝的比较最人。

- 消遣

　　新年留在家里的，推牌九，掷骰子，打升官图，直玩到大家昏昏睡去。

- 破五

　　初五称破五，初五以前，街上买不到东西，初五一到，店铺要开门应市了。

- 广开文思

　　破五之夜，学生们要到老师家，堂上挂着孔子像，供着文曲星神位，老师率领学生都叩了头，端坐正中，拈出一题，命令学生作文或吟诗，老师并不过目，只是领着学生，将文或诗在文曲星神位之前，点火焚化，然后师生再次叩头，说是文曲星会使学生广开文思。

- 灯节

　　十六是灯节，孩子们用纸糊各式花灯，又用彩色纸剪成花鸟虫鱼，贴在灯上，大家点灯玩乐，争奇斗胜，谁家孩子的灯笼最精巧，人们便猜到谁家去年娶来了一位巧媳妇，有的人便到谁家去赞贺一番。

- 农忙开始

　　灯节过去，新年行事都结束了，一家人都在欢乐之余，盼望明年新年。农夫下田，农忙又开始了。

甘肃

· 兰州

兰州

• 迎春

元旦后几天，市上的民众要举行迎春的赛会了。满街的锣声鼓音，闹得震天地响，几许人扮作那鬼怪的模样，接连地嬉笑着巡回在街道之上。还有那十多个人儿，都背着又大又长的皮鼓，边在跑着前进，边在咚咚敲鼓，这鼓儿是喊"太平鼓"。还有高高的高跷，也在这市场中来往盘绕。红的绿的，都填满了大街，更塞阻了小巷。女人们多是设座在街旁，也有跑上屋顶去远眺。男子们多整束了绣鞍，跨上了马匹，驰骋在荒郊和大道。这时的城隍庙里，屋的檐下，遍悬着纱灯，望去是多么的华丽轻飘。人群之中，来了一位手拿纸糊的像漏斗般的人儿，他先边有人引他前进，他后尾跟的是咚咚地打太平鼓的一群人众，随后的是一个男扮女相的跟着行去，他是多么丑陋，却还在装着娇妍，做着丑态，嘴里又不断地在说笑话，引得女人们都嘻嘻地笑。还有些涂黑了脸孔的人们,也跟在末后来回地奔跑。

这是迎春,这是迎春的赛会。

陕西

- 西安
- 凤翔

西安

穿新衣
拜年
捏破五儿
不扫地
冷藏食品
枣糕
捎灯
翻天印

· **穿新衣**

　　元旦清早，大家把去冬自家做的新棉袍、棉袄、棉鞋，人人都穿在身上了（这新衣很少请裁缝来做，就是裁缝做，也是把他们请到家里来做）。

· **拜年**

　　穿起新衣，家里的人见了面，就是"恭喜恭喜"地来拜年。到正月初二，才开始到朋友家去贺年。

· **捏破五儿**

　　初五要吃饺子，叫"捏破五儿"。意思是这一天才开始炒新鲜菜来吃。饺子里要包个铜板或麻线，谁吃到了谁的运气好。

· **不扫地**

　　从初一到初五，家家户户不扫地，这是

怕那财气扫走。还有不洗脚，怕会走失了好运道。

• 冷藏食品

去年做了很多菜，蒸了那么多的馒头包子，不会坏吗？不会的。因为一到冬天，冰天雪地，那是最好、最大的天然冷藏。有些包子冻得用刀来斫都斫不动，有的人家一吃吃到一两个月之久呢。

• 枣糕

蒸馒头，又把面做出各种花式，再把整个的红枣嵌在面上，有一种宝塔似的枣糕，是用三根筷子做骨架，外面用面做成，蒸好以后，可以竖起来，正月祭神、祭祖，都至用这些枣糕。

• 捎灯

十五元宵有"捎灯"的风俗：外婆要给第一次过元宵的外孙儿女买一对大红纱灯，叫"长命灯"。一直送到他十二岁，这是以孩子生肖来决定，到十二生肖也就是十二岁都有了，就不再给这个外孙儿女送灯了。不过二岁到十一岁的元宵，不一定送一对大红纱灯，是送那普通的灯就好啦。

• 翻天印

新年舞狮的一项最精彩表演。先在商店门前空地之上，预先搭起五张以上的八仙桌子叠成的高台，从下而上，第一张桌面向天，第二张是桌脚朝天，桌面贴着第一张桌面，第三张的桌脚和第二张的桌脚相接，桌面向天，第四张、第五张……叠上去，以桌面贴桌面，以桌脚接桌脚，叠成高台。如果那桌脚上下相接之处，稍稍移动，高台就会坍下来。最高层的一张桌子，一定要桌脚向上。上离桌脚一丈左右的高空间，由哪家商店的屋檐或窗户系住一支竹竿，伸在桌脚的顶上，竹竿头上高高挂着一个红包，这个红包之内，包有为数不少的银元，叫作"彩"。这个"彩"，是等待着舞狮舞到最高一顶桌子的四脚之上，舞狮的人站立在最高的桌脚之上，用狮嘴来衔取的。但是舞狮必定要从地面舞起，一舞再舞，一层一层，像逶迤蛇行地边舞边爬地向上舞去，舞者由每一顶桌的桌脚空隙，或东或西，或南或北，一顶桌子，一顶桌子地舞向顶上去，作S形地舞上去，不能由地面一直爬上去到最高一顶桌子的桌脚之上。舞狮的两个人舞到顶层的四只桌脚之上了，又要或左或右地，摇头摆尾地，舞过一阵，最精彩而惊险的节目，便是衔彩的表演了。衔彩的动作是由舞狮尾的人双手抱住舞狮头的人的双脚，向上举起，向着彩用全力举向上空，彩在高空，还是衔不到，所以舞尾者尽向上举，直到舞头的人的双脚站在舞尾的人的双肩之上，用力高举狮头，同时要张开狮嘴，把那个彩衔在狮子嘴边。在高高叠起的一只桌脚之上，两人的动作如果不能把住重心，就会扑向前或是凹向后，看来是够惊险的。促成这个翻天印狮舞的场面更加紧张的，有不断的爆竹和配乐，真是激动得人心欢腾呢！

凤翔

• 喝酒会

正月初五，各处都在举行喝酒会。方式是每一大村镇为一组，零星村落，那就集合起来为一组。选择适中的空旷地上，依次插标，连接搭起帐篷，参加喝酒会的人们，便以大缸抬了酒来，一群一群的席地相对而坐，有酒在手，猜拳行令，狂欢痛饮。从上午开始，夜里也不要休息，直到天亮，还是兴高采烈，喝酒会要到初六上午才告结束。参加的人都是以喝酒为目的，虽然也有些许下酒的菜肴，却只是点缀而已，比较讲究的，也不过几盘牛肉、羊肉、猪肉的切片，和那葱、蒜、香菜、花生、咸豆和萝卜丝而已，这些菜肴，也很少有人伸手去拿来下酒的。参加酒会的人数，比较多的数以万计，那就连亘数里搭棚，排列整齐，一似热闹街上的商店栉比。人们尽量喝酒，喝完一缸，再抬来一缸，绝对没有限制。会场之中有人燃放爆竹，连同猜拳声、谈笑声乃至小贩叫卖声和孩童啼叫声，把原来静寂的旷野，一时热闹起来。白天更会尘土飞扬，弥漫空间；夜里更是灯烛辉煌，照亮了四野。喝酒的人不限于本组，有时也好到别组去喝，或是别组的人跑来参加，或去邀来参加。遇有异乡人士来场参观，或行人过路，大众一定上去争邀入席，抢先敬酒，地无分东西南北，人不分男女老幼，无不恭恭敬敬地招待喝酒，殷勤和乐，大家醉了归家，勿迎勿送，真挚、喜悦、热情，全都流露于喝酒会上。

广西

- 柳州
- 贵县

柳州

贺年 嬉戏 舞狮子

• 贺年

正月初一，男女老少，都要换起崭新的衣裳，到亲戚家里去拜贺新年，走进门，就该说："恭喜发财！""丁财两旺！"……小孩子们，大人是有彩金给他们，叫作"封包"。

• 嬉戏

新年的嬉戏：大抵就是赌博这一项。小孩子，就是竟日放爆取乐，或提龙凤状的花灯，游行欢呼。

• 舞狮子

还有舞狮子的游戏，挨家按户地去舞弄，到得了封包而后止。人们都喜欢这增庆的游戏。

这样的行动，从初一到十五，有十五天的时期。

贵县

偷青
偷灯带

• **偷青**

正月元宵从清晨到午夜，青年男女随便向任何菜地上，偷取青绿色菜类葱、蒜、芹菜、茼蒿、辣椒及其他蔬菜。葱是象征聪敏，蒜是象征善算，芹菜象征勤勉，茼蒿音"同好"，辣椒因为多子，更是新嫁娘必偷之物，取得多子吉兆。按照俗例：这一天，任何人的菜地上的任何青菜，都是任人偷取，绝不禁止。而且还得在菜地上留下葱、蒜、芹菜、茼蒿和辣椒这些蔬菜，命令年轻儿女静候别人来偷，俗信他们有机会咒骂那些偷青的人，才会大吉大利。同时偷青的人，也一定要找到有人在守护菜的园地才去偷取，俗信偷青而被人咒骂，才会大吉大利。如果偷青的人，不发现那菜地上有隐伏的护青的人，就做出贼模贼样，鬼鬼祟祟地说些俏皮话，引出护青的人忍不住了发笑或发骂，才伸手去偷青。俗信：偷青不挨骂，或被偷不骂人，都是不吉祥的。如果能彼此互相吵骂，对骂得越毒、越巧，甚至一个逃，一个追，演成闹剧，也认为是好事。双方对骂是用双关的民歌情调，例如，护青的骂道："死仔乾！贱骨头！春来正好谋生计，为何学坏做小偷！"或"真衰胎！读书人仔不学乖，有书不读学偷菜，不怕失礼绣花鞋！"骂得厉害一点的，加上一句："枉你娘生无爷带！"偷青的被骂以后，俏皮地回骂："臭丫头！少爷中意才来偷，不中意，你送上门来，也嫌枉耗油。"护青的又骂："偷你个死人头，斩千刀，你就死剩个死臭口。"那偷青又回骂："大姑娘，白日流流不害羞，死人头，你也要偷，居然又嫌我口臭。"

• **偷灯带**

殷富人家，去年添了男丁，除了在祖祠里要悬点"新丁灯"，还有在社坊去悬起一盏"新丁灯"，这个灯的四旁垂下长长的灯带，凡是希望今年生育一个男孩子的，就要演出"偷灯带"的求子的俗行：社坊上挂着的灯，照例是没有人去守护的，但是不能"明取"，一定要"暗偷"，而且一定要邀请一位未曾出嫁的黄花少女，秘密地去偷下灯带来，立刻带到那未曾弄璋的少妇的寝室里，秘密地把偷来的灯带放到垫褥的下面，然后燃起香烛，祭拜床头阿婆，据说这可以带来添丁的吉兆。不过这个偷灯带的黄花少女，是不容易物色的。

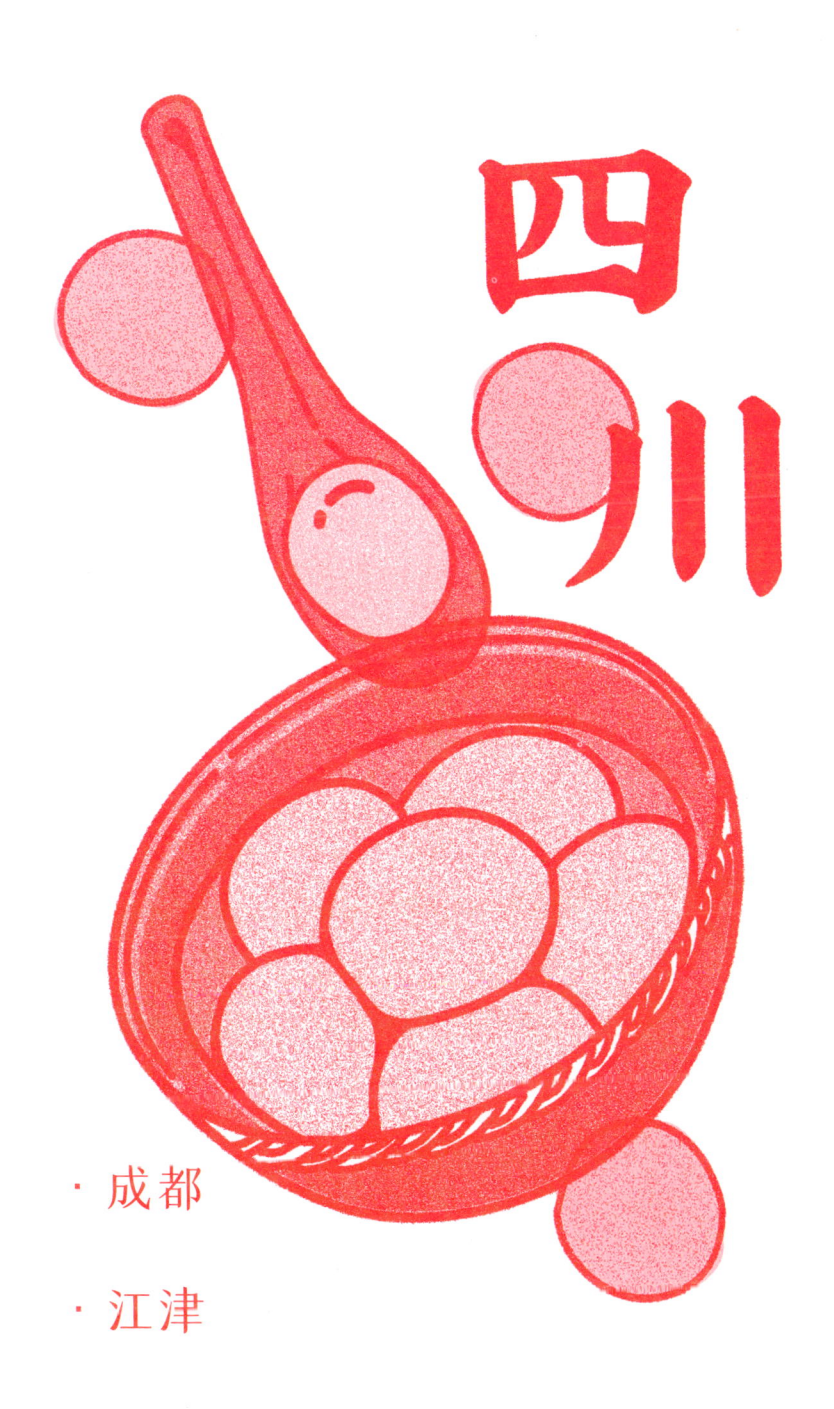

四川

· 成都

· 江津

成都

• 走喜神方

正月初一的早晨,出天方①以后,当家人把诸事整理好了,就要照喜神方出行。喜神方的位置,他们早已在黄历上看过了,如果喜神方在东,那么就向东方出行,有的只走几步就转回来,有的却要走好些远。

• 碰到太岁

在出行的时候,最忌的是碰到"太岁"②。假如你不小心而同他谈了话,那么你今年就够得倒霉了!假如他先向你来说话,你尽可置之不理,等他转身的时候,就连向地面"呸!呸!呸!"地吐三口口沫,就可减少你的晦气。

---

① 正月初一子时,迎接诸神下界,叫"出天方"。
② 请参看历书篇首。

- **禁忌**

　　一般的习惯，初一多是不出门的，因为初一是单日，根据"单进双出"的谚语，所以如此元旦大家不吃饭，因为"饭"和"犯"同音的缘故，早、午都是吃汤圆和挂面（汤圆取其圆，挂面取其长）。最重要的禁忌，是禁止说"鬼"。

- **吃素**

　　老年人，多数是老妇人，元旦是不吃荤腥的，她们说那天是诸神下界的日子，如果吃一天素就可以抵得过吃一年的斋。所以那天吃素的人特别多。

- **嬉戏**

　　到初二那天，情形就大不相同了。街道上卖巴琅鼓①的，卖糖的，卖各种玩意的都非常拥挤，而尤以大小孩童，成群地来往四处拜年，更加热闹。女人们，大多数喜欢留在家里，邀了邻居大家来打"斗十四"②或是掷"升官图"，消磨这悠长的春昼。出门的人就是到亲戚朋友那里拜年，到热闹的地方去游散。游散的地方，不外乎武侯祠、青羊宫③、草堂寺④、薛

---

① 巴琅鼓，是小孩的玩具，用蛇皮做成的短柄的小鼓。
② 斗十四，是四川流行的纸牌。赌法：首家十二张，次家十一张，每两张为一呈，每呈要凑成十四点。
③ 青羊宫，是太上老君降生地。
④ 草堂寺，是杜工部的读书处。

涛井①……一些胜迹的所在，一天游不遍，就在初三初四继着玩，到游完了这一些胜迹才止。

- 破五

初五又叫"破五"，有的叫"小年"。拜年，到今天就停止了，但是遥远的亲戚家不在此。过了"破五"商店就开始营业，不过只开几个铺板而已，以后再选一个黄道吉日来开张。

- 出灯

初九又叫"上九"，是新年最热闹的一天。"出灯，"就在那天的晚上。上九出玩的是龙灯、狮灯，龙灯有摆龙、双龙、火龙三种，摆龙和双龙，都是白日出来的，用五彩锦绸扎成的，前面用一个红绸扎的元宝来领导，雇一些锣鼓吹打的在先开路。火龙那就不同了，它是夜间出迎的，造法很简单，用九个竹笼，拿粗绳联系着，外面再披着麻布，头上略施点画，就成一条龙了。它出迎的时候，前面有玩"流星火球"②的开道，尾后接着的是鼓乐。它到的地方，人家都燃着爆竹来欢迎，还有一种特制的火花③烧着。龙灯出迎的期间，到元宵的晚上

---

① 薛涛井，是薛涛女史投水的井。
② 流星火球，用长绳一根，两端各系小铁笼一个，中炽火炭，走时舞动。
③ 火花，用硝磺炭末合制，成都方音叫"火儿"。

完了，所以十五的晚上是特别的热闹，照例晚上不关锁城门，任它自由地进出，各机关的办事处，更预备大批的爆竹和火花来烧龙。狮灯也是白天出迎的，逗它玩的是一个"笑头和尚"和一个"孙猴子"。玩的人，多是一些懂武术的人。

· 上元会

这也是初九那天来举行的，用木头搭成高高的架子，上面交叉地挂着许多纸糊的白果灯。据说这灯是很有灵验的，它能辟除一切的瘟疫。

· 送灯

新嫁了女儿的人家，在上元这一天，必须买一盏漂亮的台灯和面粉制成的小老鼠，送到女儿的夫家，如此，就叫作"送灯"，据说会多生小孩子的。

· 偷汤圆

十五晚上闹元宵，每家都要做汤圆供神明，如果老是没有生育过的女人，去偷一碗拿来吃，那就会生出儿子来的。

· 游百病

十六要"游百病"，无论男女老小都要跑上城墙去瞻望野景，说是那游过城墙的人，这一年就不会生病了。不然，灾害就难免要临到头上的。

江津

烧子时香
占岁
吃汤圆
拜封
红封
出行
拜年行列
招待拜年客
春酒
新客
灯会
龙灯
出龙
花筒
鞭炮
铁水
烧龙灯
车车灯
过大年
烧满堂香
送花盘
烧门钱纸
偷青
赶蝗虫
打耗子落窝

• 烧子时香

元旦零时，也就是除夕夜的十一时以后，各家要烧子时香。烧香以外，都要大放鞭炮，此起彼落，从子时放到天明。

• 占岁

有些人家，烧子时香的时候，还要"占岁"。用十二只酒杯，杯中放黄豆，注满清水。十二只酒杯代表十二个月，看那杯中黄豆浸水之后的发育情况是怎样，占卜今年的雨水是否调顺，例如第五只酒杯中浸的黄豆发得很好，那今年五月是风调雨顺，哪一只杯里黄豆不发，就是那一个月雨水不调不顺。

• 吃汤圆

元旦早晨，大家吃汤圆，是取团聚的意义。也有吃挂面，象征长寿。

- **拜拜**

    早餐之后，全家老小男女齐集堂屋祖宗神像之前，先向祖宗神位拜年，由长辈领先，再依辈分次第叩头。向祖宗拜年完毕，辈分最高的尊长便坐在堂屋中间，接受小辈挨次拜年。

- **红封封**

    长辈接受小辈叩头拜年，要赏赐小辈每人一个红封封，同时说些对小辈祝福的吉祥话语。

- **出行**

    拜年完毕，先查历书所载新年出行利在哪一个方向。再开大门，相携朝向吉利方向出行，如此，今年便可"无往不利"了。

- **拜年行列**

    出门拜年，大人带同小孩先到较近的一家，这一家也要出门拜年，便加入拜年行列，去到第三家去拜年，第三家的人也会参加，同去第四家、第五家……到了午前，这个拜年行列人数增加到几十个人，每家景况富裕，都是至亲，便留在最后一家，坐上整桌拜年的客人，有酒有菜，都在那家同进午膳了。

- **招待拜年客**

至亲来拜年，招待吃饭喝酒。朋友之间的招待，摆好茶点：麻圆、油果、花生糖、炒米、泡粑等糖糕。

- **春酒**

元旦过后，开始请"春酒"，请的是至亲、好友，也有请邻居，也有贫佃户来拜年，就一起请到的。来客需送礼物：白糖、冰糖、杂糖、挂面等。"春酒"酒席，请厨师来烹调，大概有八个大碗，用四斤猪肉来办一席，烹饪出酥肉、蹄髈、扣肉一类肉菜。也有先请厨师办好多席，当天吃了几席，留下几席，第二天请春酒时，用蒸笼蒸好端出来的。

- **新客**

去年有女儿出阁，新年同丈夫一齐回娘家拜年，也就是新婚夫妇第一年来拜年，他和她就是新客，大约在初三或初五，他们带来大批礼物，向岳父岳母及尊长、平辈拜年、贺年。还得由娘家伯叔兄弟陪赴各家至亲拜年。新客回去之前，岳家又要大请至亲，接受至亲们送来的礼物，转送给新客带去，作为回礼。

- **灯会**

初九到十六，镇上牛王庙里举行灯会。初九开始，要请道士做道场，立灯杆。当天晚上，杆上点起神灯。十二日晚上，龙灯出龙。玩龙灯越玩越盛，十四、十五、十六三天，到达顶峰。

• 龙灯

有青龙、白龙、黄龙，用竹片扎成，外面糊着各色花纸，各街各商家筹款来演。一条长龙，由五人或七人玩弄，也有一个人玩一个小龙灯的，这灯名叫"独脚灯"，它等于龙灯队里的丑角。

• 出龙

天时入晚，龙灯齐集在灯杆之下，然后陆续出龙。先后十几条龙灯，有青龙，有白龙，有黄龙，绕行各条街道，各家商店门口。

• 花筒

龙灯经过商店门前，各店要向龙灯浇放花筒、鞭炮、铁水。花筒是用竹节为筒，中间装着火药，加些炭屑、铁末。花筒尖端装有引线，引线点火，花筒便喷出火花，声音震耳，火花四射，射向龙灯和玩龙者的身上，会燃烧龙灯和衣服。所以花筒烧得越厉害，龙灯舞得越激动，这是为了摇动龙身人身，火花落地，不会被燃烧而烧坏了龙身和人身。

- 鞭炮

龙灯要出动的时候，又要放鞭炮，是用几支长竹竿撑着鞭炮，挥动竹竿，来回向龙灯边绕边放。

- 铁水

用铁罐装铁末，把它烧着烧着，由固体变为液体，再用小瓢舀在木板上，然后向空中拍过去，这样便化成无数的火花。因为和空气接触，铁花迅速转冷，所以落在人身上，伤害也不会大呢。

- 烧龙灯

十四、十五两晚，花筒、鞭炮、铁水的火花射到龙灯，越烧越激动，龙灯上的低头，自然都烧坏了，成了"滥龙"。据说一条龙灯越烧得厉害，出龙的那一条街或那一帮这一年就越发达，所以烧龙灯又是占卜运气的俗行。玩龙灯的人，虽是体强力壮的一群小伙子，舞得久了，烧得猛了，也都弄得疲劳，甚至也有受伤的，可是他们还是愈玩愈快乐。

- 车车灯

用竹和纸扎成两个车轮，轮后一人扮作车夫拿着车杆作推车形状。两轮中间没有车床，有一男装女扮的旦角，随车行进。车前还有一个小丑，做出种种引人发笑的姿态。旦、丑和车夫，同进同退，同唱同歌，形成一出街头滑稽歌舞剧。

过大年

十五日过大年，全家大小要再吃一顿丰腴的年饭，有的人家是在中午吃，有的人家是在晚上吃。

烧满堂香

十五晚上烧满堂香，而且及于牛栏、猪圈、米碾、水槽，这些地方都被认为有神守护，为了表示诚敬，都向他们烧香点烛，焚送纸钱。

送花盘

这是对那孤魂野鬼致敬。人家备了酒、饭、刀头、香烛、钱纸等，装在一具竹制簸箕里，捧着送到野外，向孤魂野鬼致祭，然后焚化，这叫"送花盘"。

烧门钱纸

除夕那天贴春联的时候，大门上也贴上一排刻成花纹的长方形的红纸，这红纸叫"门钱纸"。到了十五烧满堂香的时候，也要把它们拿下来烧掉。有句俗谚："火烧门钱纸，大的出外做生意，小的捡狗屎。"意思是到了十五，新年已过，从十六日起，各就各业了。

偷青

大年夜里，有人偷采别人家的青菜，说是这样做，一年之中就会清静平安。因为这是一种风俗，被偷人家也不说什么话，但是也有预防偷穷的，只在路旁的菜畦泥土之上淋些粪便。

· 赶蝗虫

也在大年晚上，有人拿着锣磬铜盆之类的响器，跑到山上去，一边走，一边敲，据说这样就会赶走当年危害农作物的蝗虫。

· 打耗子落窝

又在大年夜，有人拿着秤杆，边走边在敲打各屋子的角落，嘴里在叫"耗子落窝"，说如此俗行，这个人家就可使老鼠自然减少了。

云南

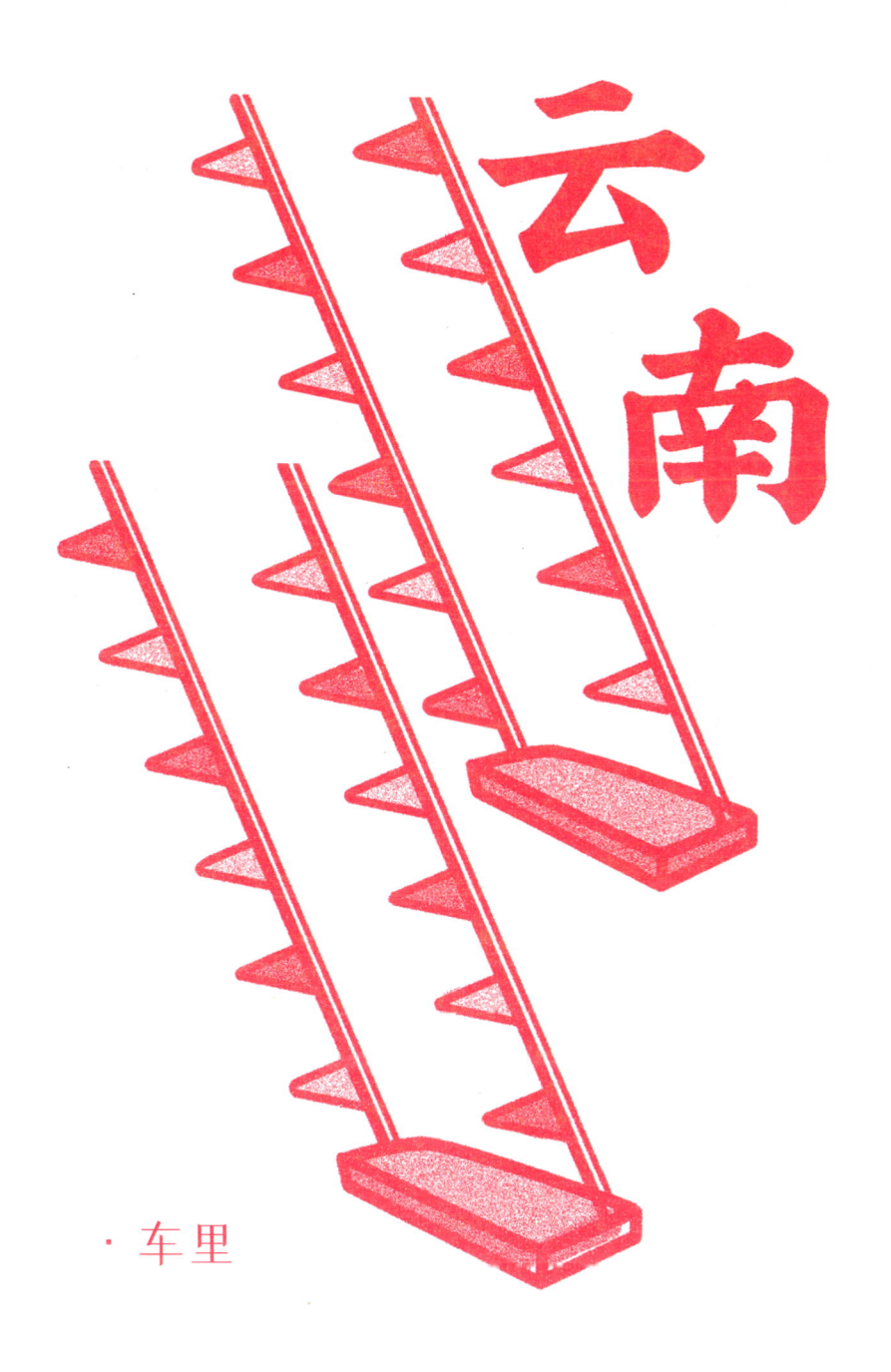

·车里

车里

浴佛 放高升 抛球 竞龙船 荡秋千 行澜令 歌舞

• 浴佛

元旦的早晨,所有的贵族、平民,各人都要沐浴更衣,到佛寺去,虔诚地礼佛。女人们还须各人挑了一担水,替佛洗尘,从佛的头顶到脚跟,淋漓湿尽,泥塑的佛像望去怕要坍倒下来。浴佛以后,人们更相互地用水灌浇,真是一出演得很闹的水戏。

• 放高升

水戏以后,继续着燃放高升,高升用整棵大竹做成,节中满装火药,再接药线,有长到几丈,重到几十斤的,在空旷场所,搭起竹架,松松地缚着,燃着火线,药发了竹筒就升到天空,高达几十丈至几百丈。竹筒迎风上天,发出"嗡轰"的巨声,民众欢呼着,歌舞着,一时热闹非常。

- **抛球**

　　元旦的下午，男女们成群结队，齐集在球场上，大家做抛球这嬉戏。人数是没有限定的，多少总是男和女分成两组。相向地对立，中间有四五丈的距离。球是用布做成的，也有绣上花朵的，中心充塞的是柔软的东西，外表缀一些流苏和一个提手。球多是女子方面的东西，所以总是先由女人们来发球。一边发，一边接，没有一定的秩序也没有运动的规则，球近了谁都可以来接，可是接了不着，那就失败了，接着的就是胜利了。女子组胜了，男子组该赠那铜子；男胜了，女组该拿槟榔、烟、果做赠品。（这习俗，从前只行于僰族[①]的元旦，现在凡遇春节到了，也多演着助兴。僰族是以辰日为元旦，元旦日常在清明后十日。）

- **竞龙船**

　　车里宣慰司治下，有竞龙船的嬉戏，红男绿女，望去正像锦绣夹道。高升在天空中放射，讴歌的声音，又载满了江岸。竞龙船，是由某地同时竞渡，以先到目的地的就是胜利，胜的人由宣慰司奖给银牌，失败的就给他用不去毛的竹箨裁成像银牌同样的东西，把它挂悬在耳朵边，使箨上的毛落下，蜇动他颈颊，这样的激励败的人。

[①] 僰族，中国古代西南地区的某一少数民族。（编者注）

- 荡秋千

是女子们新年唯一的嬉戏，玩的人，一个或两三个，飞荡在空地上，飘飘然似高登了仙域。

- 行酒令

大家唱新年酒了，事先定有人早在山野间打得一只野禽，斩了它的头部，插一支竹箸，盛在筒里，放到大家喝酒的座中。由当令的人先喝一杯酒，继着伸出手弹那野禽的尖啄，由它旋转，过了一匝，啄子向着谁，谁就要喝酒，当令，弹啄。这般一个一个跟着啄的朝向行酒令。

- 歌舞

从元旦到初三，僰族的青年男子，沿着人家的门口跳舞，嘴里唱着他们叫《玉纳呵》的歌调，人们就拿出烧酒给他喝，大家还泼着水滴，汉人们多给他一些银元，他们拿去，就去狂饮好多天。

贵州

· 赤水

· 贵阳

赤水

· 吃元宝

元旦的早晨,定要吃糯米粉做成的粑,喊作"元宝"。中午、晚上、还要吃什么泡粑、猪儿粑、黄粑、糖粑……

· 禁忌

元旦和初二洗面和洗锅子的污水,应该积存起来,到初三敬神开市以后,再倒到门外。元旦却别揭开甑盖,如此,本年的苍蝇,定能减少一些。

· 拜坟

初二那天,吃过早餐,家长定要带了孩子们,到祖先的墓前,跪拜磕头叫"拜坟"。

· 开芽

初三据说是叫"开芽"的一天,今天大家要敬神,大家开市了。今天孩子们到亲戚家里去拜年，长辈就给他两三百文钱，叫"扎键钱"。

• 送年

元宵到了，必须用猪头来敬神明，这叫"送年"。

• 碾蝗虫

元宵的黄昏，孩子们把燃点了的香烛，插在田的一旁，嘴里歌呼："蝗虫，腊花上虫，碾到河的那边去了！"这叫碾蝗虫。

• 碾耗子

碾蝗虫后从田间回家，房内都点着明晃晃的灯。用绳索一条，系着草鞋和砂盔棒，另外喊两个小孩子索绳，两个在后边，手里拿着响槁，乱得很地打敲，嘴呼喊着："草鞋倒倒梭，碾落耗子窝，一年碾落十二窝。"碰到有闰月的年份喊"碾落十三窝"。这叫"碾耗子"。碾了以后，就把绳索系着的鞋、棒和响槁，从柴门里丢了出去，就关好了门回家摆酒酣饮。

• 开工

从元宵以后，新年仿佛跟着准备跑走了，农工商贾，都从今天起开始照常工作。

贵阳

<small>年气年忌家父行歌家九耙灯龙
具 回 出 人 大 元 接
贺玩景闻禁带谒新冠上过龙</small>

· 贺年

"大年初一"是亲友间彼此贺年的一天。满街都是穿着新衣的大人与小孩，高兴地踏着地下燃放过的爆竹所余下的纸屑而前进。每一个家庭因为不敢当亲友们的贺年，特地紧闭了大门。当着有人敲门的时候，门内的人总要由门缝中向外仔细地张望，除非是自己的家人或最熟识的亲友，他决不开门，而只是在门里不断地谦逊着：

"拜年？不敢当，不敢当！改天再请过来喝茶吧！"

· 玩具

小孩子们口里吹着口哨"吱吱"地叫，脸上还戴了各色各样的"脸壳"——假面具。新年舞弄着一些新年时候所特有的玩具：木制的关刀或长枪，小喇叭或小鼓，纸糊的龙灯狮灯……

- **景气**

这时候的街上也会令人感到一种特别的空气，那就是异于平日的沉寂，因为在这一天一切的商店都关门停业，小贩们也停止了高声地叫卖。任何人都想要在休息的恬适里，过一个快乐的新年。

- **闹年**

我们走在街上的时候，只能断续地听见火炮的噼啪之声，偶然也能够看见街角有一簇的人围在那里，那里是在赌钱。有时候也会由那些竖着的大门里传出锣鼓的喧声，这是那一个快乐的家庭在"闹年"了——他们正在欢迎新年的来到。

- **禁忌**

在家里，清晨起来，举家的人便要互相贺年。这天家里一切的杂务都没有人去管理，因为大家都需要一种清闲的休息。这天，不扫地、不拭桌椅、灶上不生火、不煮饭，所以凡此洒扫、生火、煮饭诸事，都必得在昨天预先办好。同时，在这天更不能生气或打骂他人，人们都相信：这天忙，便要"一年忙到头"；这天愁，便要"一年愁到头"；这天打骂了人，家里便要"一年中不得安宁"。

- **带柴回家**

小孩往亲戚处拜年，照例要得"压岁钱"。而且，要从亲戚处带着一根"柴"回到家里，表示带"财"而归之意。

• 谒岳父

"新女婿"，在元旦，应当赶早去"丈人"的家里拜年，受到盛馔的优待。

• 出行

在这天女人们却都是不出门的，她们对于新年的第一次"出行"，非常重视，她们要过了"年三天"——初三日之后，在历书上选择了一个"出行大吉"之日，然后才第一次踏到家里的大门外去。

• 新年歌

有这么一班人，他们是新年的歌颂者。

这些人是谁？那就是可怜的流浪的人们——乞丐。

乞丐们在"年初一"以后，便二人或三人，联合为一组，沿门高唱着新年的歌颂而行乞。

这些歌并没有一定的语句。不过一些吉祥话语的堆积，并且还能押韵而已。

歌唱的时候，大概是两个乞丐一递一声地唱和，同时并由第三者于每两句的中间插入一句肯定语气的短语"好的"或"有的"。

兹举示最普通的几首如下：

新年对新节——

"门神""对子"两边贴！

好的！

左边贴的摇钱树——

右边贴的进宝瓶！

有的！

摇钱树，进宝瓶——

早落黄金，晚落银！

有的！

进宝瓶上一枝花——

主人家养个大娃娃！

好的！

灯笼挂得高——

银子几大挑！

好的！

灯笼挂得矮——

银子几大块！

有的！

财门大大开——

元宝滚进来！

好的！

滚进不滚出——

滚满主人家一堂屋！

有的！

• 死丧人家

这一年中，如果家里不幸死了父母或其他的尊长，不用说，好像是有惨淡的愁云笼罩着这不幸的家庭一般，除了小孩子，在大人们的面上将难得找出为新年而有的喜悦。

他家门上的门联，将不用红纸，而以白纸。上面写着诸如此类的语句——

伤心怕读《陈情表》
泪眼难观《蓼莪》诗

而且还要在大门之外高贴着四个白纸所写的字——

敬辞燃烛

这正是辞谢亲友们携烛来为死者拜年而写的一张通告。

这家的人在"年初三"以前不能出门去为任何人贺年，因为被贺者将认为不祥。

• 上九

正月初九日谓之"上九"。

过了"上九"，一切的店铺都在门前贴上"开张鸿发"的红纸条，而开始继续营业了。一切人们也照常开始了他们的劳作生活。

家里撤去了种种为新年而有的陈设。如桌前的红缎绣花，"桌围"椅上的绣花"披垫"，桌上的香炉与供果……

门楣上所贴的"雕钱"与"春条"被撕下来烧了。老人们抚着小孩子的头，说道——

新年完了——

火烧门前纸，大的做生意，小的捡狗屎！

• 过大年

正月十五日为元宵节，但普遍却被人称为"过大年"。

"过大年"须像"三十夜"一样地焚香敬神，是夜并须"燃天烛"以送诸神归天（但有的家庭却是在"上九"，便"燃天烛"欢送诸神的回归了）。当然，诸神之中灶王菩萨是留下了，他要在本年的十二月二十三日之夜，又再升天去。

• 元宵粑

家里的人们都要吃一种特制的汤圆，名曰"元宵粑"。

• 龙灯

这时候的大街上是热闹非常。两旁的檐下高挂着明亮灯笼，灯笼的下面挤满了大人与小孩子的头，大声地说笑，差不多要震聋了人的耳朵。他们是在等待着"龙灯"的到来。

"龙灯"是由各处庙宇的"道士"诸人们所主办的。所需的费用则系由各家人户随轮捐,数目并无一定的限制。各大商号更每每自动地扎了一座彩亭,使人抬了去在那盛会的行列之中,与他人的彩亭比赛。

"龙灯来了!"小孩子们叫着,人们叫着。

来了!先来的是一对很大的灯笼,上面大书着"××庙迎龙胜会"的字样。接着来的是大锣大鼓与五尺许长的大喇叭。"呜笃笃——"的喇叭声叫满了一街。

接着又来了身披法衣,手捧香篆的道士之群。

于是许多座精致的彩亭来了——纸扎的、绸扎的、通草扎的……

于是走过了一张张的帐篷,篷沿上璎珞四垂,声响叮当,其下则每篷中有一簇人正在演奏着乐器——有大声的锣鼓,也有细细的笙箫。

"五子鱼"来了。这是五个绸糊的大鱼,肚内燃着烛,通明透亮。下有长柄,由五个壮健的汉子执着舞弄。每至宽阔之所,这五个大鱼便要很有秩序地连续着上下左右游泳似的摆动起来,鱼骨上的铃儿不住地响——于是人们,那观众们,便拍手而欢笑了。

接着又来了"孙猴子"。这猴子是由一个武功娴熟的人所装成的。他立在两根竹竿之上,由两人肩着,而且在上面不断地竖蜻蜓、打筋斗。他的前面还有一人执着长竿,上悬一个红绸讨着的"印",逗引这猴子前去攫取。据说这是在象征"封侯(猴)挂印"的那一回事。

于是龙来了。这条龙制作得非常精致:一个巨大的龙头,张牙吐舌,有两个比碗还大的眼睛,两股长须,全身分为若干节,皆用绫子糊成。每节中皆燃着明亮的油子捻,由一个壮汉执着下面的长柄,挨次鱼贯而行。各节之间,连以极长的布。

龙头之前,有人以长竿挑着一个彩球,名曰"宝"。龙头则随着"宝"的摆动而摆动,谓之"龙抢宝"。

每至广场中,则执柄的人们,舞动全龙,在万人头上左盘右旋,好像活的一样。

两庙的龙灯在街上碰了头,彼此因争路之故,必有一场恶战。故未"出龙"以前对于"路线"问题,务须详加酌定。

执龙尾的那一个人照例是丑角模样。他每每装扮成古怪的女人或其他引人发笑的形状。并且还沿街做出种种滑稽的动作。因此龙尾过处,但闻人声喧天,狂笑的声音好像波涛一样汹涌。

• 接龙

富户每有"接龙"之举。即是请这龙去他的家里旋舞一遍,据说,这也是祈福之一道。接龙之家,需备"泥台花",以大竹筒或泥制的圆筒,实以火药及铁砂而成。于舞龙时施放,火花四射,使人眼花缭乱,但见龙及舞龙者在万点火花之中滚进滚出。又以长竿高挑爆竹燃放,噼啪之声不绝于耳。

当着这噼噼啪啪的声音过后,于是乎,新年去了,新年完了。

辽宁

·沈阳

沈阳

目录（侧栏）：接神、跪拜财神、拜年、拜祖先、接受拜年、归宁、破五、长辈出行、开张、康乐、灯彩、烟花、盒子、玩龙灯、撒供、吃喝、工作开始

• 接神

时序进到正月初一的子时，新年开端，大家正在迎接财神。迎神祭典之中，放鞭炮却是一个突出的节目，有大户商家在此时为放炮，架起一排三支三丈高的木架，每架挂上垂尾近地面的鞭炮，接续燃放，同时配合再放两响的高升炮。一家先发炮声，百家接续燃放，此起彼落，直响到元旦天明。

• 跪拜财神

炮声响过，家长就位，跪着向财神码子，子孙等都匍匐在后，念念有词，一齐磕头。燃烧神码以后，再向祖先磕头。

• 拜年

恭喜之声，处处可闻。家人依辈分次序向长辈磕头拜年，对兄嫂亦一样行礼，相当隆重。拜年后，长辈须给小辈拜年钱。出外

拜年，恭喜发财之声，不绝于途，遇见长辈，路上不便磕头，就深深请安，至诚至敬。初一、初二或初三，小辈须向本族或亲戚家去拜年，长辈须专诚在家候客。客人进门，笑颜接纳。

• 拜祖先

进门拜年，本宗族人先向祖先供位磕头，主人不必客气。来者如是亲戚，须略示客气，亦不能力阻。如是朋友关系，则需力阻，结果是否磕上头，由朋友自己来决定了。

• 接受拜年

长辈接受外客小辈前来磕首拜年，例须口答吉利的话，念念有词，能使小辈心悦诚服，感情洋溢，彼此笑逐颜开。

• 归宁

初三、初四，是妇女们回娘家拜年的日子，也有少妇妯娌或中年妇人大家结伴到本族、好友之家拜年的。

• 破五

初五俗称"破五"，大家都不拜年。

• 长辈出行

初六到初十，是年老的公公婆婆由小辈扶助去向至亲好友家去贺年的日子。先有预约访晤日期，贺年的和受贺的均能会面，聊聊家常，同时鼓励晚辈，情感更见融洽。

- 开张

　　商店都在初六开张，破晓时，鸣炮志喜，互相道贺。不过这天还是提早收市，因为住户日用物品，早于年前大量购存，其能应市之品，大都是新年探亲所需的礼品而已。

- 康乐

　　初六起，各乡村都要组成舞龙灯的，扭秧歌的，走旱船的康乐队伍。由叫"屯不错"或"会腿子"率领，先向本乡本村逐户去表演，再到附近各乡村去访问。每到一家，主人便在院子里大放鞭炮，致送礼品或红包，表示欢迎。欢迎愈热烈，舞弄愈起劲，直闹至十五元宵达到了最高峰。

- 灯彩

　　元宵之夜，到处灯彩耀目，各式手制花灯，走马灯，彩灯，配合剪贴山川、人物、动物，在灯光下转动着，万头攒动，都在欣赏灯彩。

- 烟花、盒子

　　两种都可称是花炮，先要搭起两丈高的跳板，再把有土墩、铁墩或手把的烟花或盒子放上去，然后燃点起来，火花四射，一幕一幕地变化得多姿多彩，乡下人远道而来欣赏，人山人海，拥来挤去，大家兴高采烈。

• 玩龙灯

龙灯形态和各地大同小异，龙身内都燃点蜡烛，边走边玩，玩的人，要都是熟练能手，要不然龙灯所点的蜡烛就要熄灭，不易长明。所以玩龙灯的人，先要好好练习一番，才能参加玩弄。一直玩到二月初二"龙抬头"。

• 撤供

过了十五，过年上供的祭品，才好撤下来。上供之时，从初一到十五，每天要向神位上香三次，每一次上香以后，就要磕三个头，到了撤供以后，就停止磕头。

• 吃喝

新年吃喝玩乐，成席地吃，从元旦到初六。还有"大吃"，吃到十五，"小吃"一直吃到二月初二。玩乐的日子，也和吃喝的日子相配合。

• 工作开始

出了正月，有正业的人，立即将年乐收止，都要打起精神操作。农家都有事在田间，春节就此过去了。

黑龙江

· 黑龙江

黑龙江

拜年 破五 回娘家 马爬犁 送神 元宵灯节 制新灯 金灯冰灯大放光明 送灯上工

· 拜年

大年初一，起身到各处拜年，街坊邻右，互相交拜，一片恭喜发财之声，其乐融融。人人欢欣鼓舞，轻松愉快。平素相处或稍有误会的，也因此拜年贺喜而互相冰释。

· 破五

从元旦到初四，都是尽情欢乐，初五一到，大家各务所业，初五俗名"破五"。

· 回娘家

去年年内新婚夫妇，就要备着礼品去到新妇的娘家，向长辈拜年，岳家必以上宾之礼招待新婿，一日三餐以外，还备晚宴，有留住娘家三天五天才回转夫家的，不能多耽搁日子。来来往往，多坐马车，以后也有乘坐汽车来去的，时间多在初五或初五以前。

• 马爬犁

拜年往返的交通工具，黑龙江民间有坐"马爬犁"的，它又名"雪橇"，跑得飞快，骑马有时还赶不上它，这种交通工具是各省少见的。

• 送神

除夕家家户户香烟渺渺，祀神祭祖，迎来了天地皇王、财神、门神、观音、关公等神祇。到元旦三日之后，就要送神。

• 元宵

十五是元宵节，特别热闹。龙灯、秧歌，鼓乐喧天。

• 灯节

就是元宵节日，重心在于"灯"，所以又称过灯节。大户人家，把藏在屋顶棚上的传家的灯都拿出来了，有宫灯、走马灯、牛角灯、层层灯、八角灯、西瓜灯等等，还要再制新灯。

• 制新灯

用黄豆面做的是上品，叫"金灯"，用白面做的是中品，叫"银灯"，还有一种是点细小红蜡烛的现成买的普通的灯。

• 金灯

是把黄豆面调水，捏成手掌大小的各式各样的灯，一帘一帘地排齐下锅，蒸它到八分熟，就成为坚固而有弹力的黄橙色的"金灯"了。再用灯芯草梗缠上棉花，顶端折成钩形，另一端插入灯碗作灯捻，摆在庭前，一溜两行。更用牛油、白蜡、黄豆油合煮沸腾，浇满灯碗立刻冻凝，收入篮子里，等待用它"送灯"。

● 冰灯

"送灯"以前，有的人家要在庭院中，点起冰灯。冰灯是用木桶盛水，放置庭院露天冷冻，等那贴近木板部分冻成一圈形成冰桶时，把冰桶中间的水倒出，再用烧开热水烫那木桶外表，就把冰桶滑出，放置在花架之上，内装红烛，把火点烛，晶莹清澈，普照庭院，这才开始送灯。

● 大放光明

鸡窝鸭窝点起金鸡金鸭背金灯，猪圈点的金猪灯，马圈驴圈点着驴马灯，小狗、小猫也有猫狗灯，粮仓放点老鼠灯，井边亮的是蛤蟆灯，水缸里点金鱼灯。灶君爷前的花灯，比较精致，灯像一个大型笔筒，筒上捏出灯碗，口沿滚叠十二个花角，代表灶君十二月份上天言好事。打谷场上亮起"五谷灯"，先捏一个围边叠花的金盘子，一似场园，中间放着一只大金盘，灯碗单沿捏出八个花角，说是八月里，五谷丰登。还有人附上一位"看场佬"的塑像的。屋前屋后，菜园草垛，各燃各灯，大放光明，人们才出发送灯。

- **送灯**

人们成群结队，端着供品，护着金灯，挽着筐篮，给祖先送灯。来到祖先墓桌之前，呈献金灯，供上菜肴果品，小孩抢着点亮金灯，人们都跪在墓桌之旁，叩头默念，然后送灯到神龛里，仿佛捧呈给祖先收纳。

- **上工**

十五过了新年滋味淡了，人家吃的还是去年剩下的饺子、年糕和馒头。一年开始，农人下田开始新的工作，工人们个个进入工厂上工了。

内蒙古

·内蒙古

内蒙古

发神纸
进汤食
拜年
拜四方
春联
不说开门
禁忌

· 发神纸

元旦,一到两点钟,家家户户就要开始拜天、发神纸,接着放鞭炮。家里所供奉的神像很多,要慢慢地烧神纸,烧完以后,大家都要面向西南方拜神。

· 进汤食

拜神以后,天色已亮,家人只吃一点汤食,吃完了,便要向外走了。

· 拜年

拜年的时间比较长,整个正月之内,都是拜年时间。拜年的受拜者都会引经据典地说一套吉利的话,这大多是属于祝词颂词一类的话语。住在乡下的人们,还要去到王府拜年。

· 拜四方

拜年拜到太阳出来的时候了,还得"拜

四方"，就是朝着正东、正南、正西、正北四个方向各叩首六次，然后就回转家去。

• 春联

家家户户新年都要在门楣上张贴春联，春联写的也多是吉祥语句，不过全是内蒙古文字写成的。

• 不说开门

客人新年到戚友家去，戚友家里的大门还是紧闭，他不能叫"开门"，而是在高声地喊"看狗"。客人多数是骑着马走到戚友家的，要在还没有下马的时候便叫"看狗"，不骑着马去的客人，他走到大门前了，也叫："看狗！"主人一听到外面有人叫"看狗"，便知道外面有客来临，便开门接客。

• 禁忌

新年饮食起居，要特别谨慎，尽可能不要和别人发生口角，即或因一时不小心打碎了碗，摔破了罐，认为不大吉利，不敢让长辈知道。新年去亲友家拜年，在他们门口遇到了狗，客人要停下不动，狗不会咬人，要是它在叫而客人打它，主人会认为客人对主人的侵犯呢！

北京

· 北京

北京

拜财神
烧香/玩耍
布置
借元宝
忌门
禁忌
拜年
上元
厂甸
书画摊棚
古玩玉器
白云观
摸猴
打金钱眼
顺星
会神仙
看火判
逛纱灯
耗子成家

- **拜财神**

  元旦天亮，人们就去阜成门外财神殿，拜财神，讨元宝。谁进去得早，先拿到那殿里供着的纸元宝，他今年会发财。

- **烧香 / 玩耍**

  初一这天，大人们上午又要到东岳庙烧香，下午休息或出游。小孩们上午到亲戚家去拜年，下午自己去玩耍。

- **布置**

  门上都要贴春联，家里贴各种年画，陈列盆景有梅花、牡丹、茶花、水仙、海棠、圣诞红、红黄玉叶梅等。

- **借元宝**

  初二吃馄饨，它形似元宝，这碗馄饨叫"元宝汤"。有的人初二先在家里祭财神，祭时要念喜歌。祭完还要到彰仪门外财神庙烧香，就是去向财神借元宝。今年借一只元宝，明年正月就得送回十只元宝。

• 忌门

初五又叫破五，妇女们不要串门，大家都留在家里不外出。

• 禁忌

初一不用刀剪，不动针线，不把水、土扫出门外。初五不煮新饭，不吃烤的食物，只把年前所制，留下来的馒头、鸡、鱼、猪肉、羊肉等等蒸一下，热了大家来吃。

• 拜年

过了初五，大人们要出远门去拜年，或留在家里招待来拜年的亲友吃酒玩乐，一直到十六。

• 上元

十四、十五、十六三天，要庆祝上元节，过元宵，家家户户都要吃那煮的或炸的元宵，室内室外都燃挂花灯，并且悬赏猜谜。又要放焰火，式样很多。

• 厂甸

新年最引人的是去厂甸，一到那里，声音震耳，游人接踵而来，东一声气球小笛，西一声琉璃喇叭，空竹声、地螺声。杂玩更多，天桥练把、摔跤、说相声、变戏法。还有吃的：扒糕、凉粉、豆汁、豆腐脑、艾窝窝、山里红、大糖葫芦，还有黑糖豌豆。

• 书画摊棚

书架子、画棚子，一个挨一个，候着新年里的文雅游客。线装洋装、木刻石印，高架板上全是书本。画棚有七八丈高，二三丈宽，密密地挂着字画，书棚四面不透风，只开一个进出口。

• 古玩玉器

从初一到十五，半个月中以头尾六七天，海王村公园和火神庙前的古玩玉器摊最热闹，内行的去欣赏，外行的去看热闹，即使是赝品，看来也是古气盎然。

• 白云观

一到初八，大家就逛白云观，它是一座道观，占地数十亩的五进大院，离城很近，一出西便门不到半小时便走到了，也有骑着小驴前去的。

• 摸猴

白云观大门旁边壁上，刻着一只小石猴，去逛的人，谁都要摸它，俗信摸它一回，一年就会诸事顺遂，年年被摸，那小石猴摸得身上特别光滑了。

• 打金钱眼

进了白云观，有一个洞，洞前挂着用厚木板做的，直径一尺左右的大钱，钱孔中间挂着一个小铜铃，游人们站在相当距离的地方，拿铜圆掷向大钱去打那小铜铃，这叫"打金钱眼"。俗信打中铜铃就会好运临头。

• 顺星

新年游客大家要到星宿殿去，因为那里每人有一座本命星的偶像，像上贴着黄纸条，按着自己的年龄一查，便要拜本命星，这叫"顺星"。顺星多半在初八，游客买一束香到本命星前面燃点磕头，今年就会大吉大利。

• 会神仙

十八夜里，有钱的游人住在白云观里不回家，说是这天夜里会神仙。

• 看火判

上元节大家要去看火判，它是地安门外西皇城根的北城隍庙的一尊判官神像，这个神身内部是空空的，庙祝们在神像之中烧起柴火，于是那判官的眼耳口鼻就燃出火焰来了，北京人称它"火判",上元前后,看火判的人成群而来。

• 逛纱灯

前门外有几十家著名店铺,到初十那天,就把他们特有的纱灯悬挂起来,纱灯之上画的是名家手笔,是彩色的《红楼梦》《水浒传》《列国志》《三国志》的故事、人物,是栩栩如生的工笔画。纱灯有着灯框,也是上等木材精工制作的。游客们有人在一盏一盏地仔细欣赏名画,看着纱灯而心旷神怡,这叫"逛纱灯"。

• 耗子成家

十八日俗称这天夜里是耗子成家,有的人家替它们备好鞋子,给它们当作轿子,同时要人们提早睡眠,有谚语:"十七、十八,耗子成家。"

余音一曲

广州元旦盲妹叫化歌

天官赐福到你门庭,

太平天下永无忧。

门前银树花开放,

开枝发荣在高堂。

满堂吉庆人兴旺,

福禄双全老少康。

今晚大家同饮畅,

等你夫妻和顺百年长。

五福临门万事兴,

吉星拱照到你门庭。

金钱多赚年年盛,

招财进宝又添丁。

等到儿孙累代皆昌盛,

一路英雄立太平。